Lingua[gem] 76

Adrián Pablo Fanjul

A PESSOA NO DISCURSO

português e espanhol: novo olhar sobre a proximidade

parábola

Direção: Andréia Custódio
Capa e diagramação: Telma Custódio
Revisão: Karina Mota
Imagem da capa: Depositphotos / Mr. Prof

CIP-BRASIL. CATALOGAÇÃO NA FONTE
SINDICATO NACIONAL DOS EDITORES DE LIVROS, RJ

F215p

Fanjul, Adrián Pablo
A pessoa no discurso : português e espanhol : novo olhar sobre a proximidade / Adrián Pablo Fanjul. -- 1. ed. -- São Paulo : Parábola Editorial, 2017.
112 p. ; 23 cm. (Lingua[gem] ; 76)

Inclui bibliografia e índice
ISBN 978-85-7934-129-8

1. Análise do discurso. 2. Linguagem e línguas - Estudo e ensino. 3. Língua portuguesa - Estudos Comparados. 4. Língua espanhola - Estudos Comparados. I. Título II. Série.

17-39588 CDD: 401
CDU: 81'42

Direitos reservados à
PARÁBOLA EDITORIAL
Rua Dr. Mário Vicente, 394 - Ipiranga
04270-000 São Paulo, SP
pabx: [11] 5061-9262 | 5061-8075 | fax: [11] 2589-9263
home page: www.parabolaeditorial.com.br
e-mail: parabola@parabolaeditorial.com.br

ISBN: 978-85-7934-129-8

SUMÁRIO

INTRODUÇÃO

Brasil e Argentina têm sido objeto de comparação a partir de diversos campos de conhecimento nas ciências humanas. Estudos integrais e parciais os contrapõem a partir da sua história política e social, da formação e mestiçagem de sua população, de sua atividade econômica, do desenvolvimento de sua literatura e de diversas expressões da cultura de massa. Também as línguas que nesses países se falam, fundamentalmente o português e o espanhol, são objeto de comparação nas últimas décadas em uma profusão de trabalhos para a qual temos contribuído com algumas realizações.

Dentre os níveis do funcionamento da linguagem verbal, a ordem do discurso, na qual o linguístico se entrelaça com o sócio-histórico, tem sido objeto de alguns estudos específicos que comparam séries discursivas argentinas e brasileiras em campos como a mídia, a música popular e as práticas políticas. Assim, existe hoje, muito favorecido pelos avanços na compreensão comparativa sobre o funcionamento das duas línguas, um espaço de observação para o discurso, e essa emergência põe na ordem do dia problemáticas teóricas e metodológicas, precisamente, sobre a comparabilidade: quais unidades recortar para formar conjuntos comparáveis? Quais categorias de análise para operar com elas? Pode o discurso ser comparado em línguas diferentes? Como intervém a ordem da língua nessa comparação? Como intervêm a delimitação nacional e suas identificações, se os itens de comparação estão separados, também, por essas diferenças?

Este livro tenta situar-se em relação a essas questões, que têm sido objeto da nossa preocupação e interesse desde já algum tempo. Em 2002, publicamos o volume *Português e espanhol: línguas próximas sob o olhar discursivo*, que apresentava, em um formato de livro, os principais resultados da tese de doutorado em Linguística que tínhamos defendido, naquele mesmo ano, na Universidade Estadual Paulista (Unesp), *campus* de Araraquara. O livro comparava aspectos do discurso no Brasil e na Argentina centrando-se em algumas configurações da enunciação, fundamentalmente as modalizações de possibilidade e certeza e o modo de delimitação dos seres representados na cenografia enunciativa, sendo esta última a problemática que iria ganhando um crescente espaço na nossa produção posterior, por mostrar-se a mais prolífica para a comparação. Os procedimentos de pesquisa empregados em 2002 foram de tipo experimental, com testes aplicados a sujeitos brasileiros e argentinos, mas a maior parte da nossa pesquisa posterior e da que então começamos a orientar foi sobre práticas discursivas de diferentes espaços da vida cultural e da mídia de massa de ambos os países.

Recentemente, a editora que tinha publicado aquele livro, a Claraluz, encerrou sua atuação, e recebemos a proposta da Parábola Editorial de reeditar o livro. A sugestão, a princípio, despertou em nós sentimentos contrapostos. Fazer uma revisão dos originais e um prólogo que os situasse treze anos depois não nos atraía. Já era impossível, tendo passado anos de reflexão e investigação, observar esse contraponto discursivo entre nossos países a partir do mesmo referencial teórico e sequer ver os dados daquela pesquisa a partir da mesma compreensão que tínhamos naquele tempo. Afortunadamente, cremos que nosso embasamento teórico e metodológico foi sendo enriquecido nesse período. Por outra parte, porém, percebemos que os resultados daquela pesquisa ainda têm muito a dizer, e que seria uma perda que saíssem do tipo de circulação que propicia o material editado e passassem a ser uma raridade, já que não são poucas as referências e citações daquele trabalho no material atualmente produzido.

Decidimos, então, fazer outro livro, radicalmente diferente daquele: este que aqui apresentamos. Nele, por uma parte, relemos vários dos resultados daquela pesquisa de 2002, os que consideramos mais relevantes, mas a partir de um enquadramento teórico e metodológico substancialmente modificado e direcionado por uma inquietação mais abrangente: os lugares para as configurações enunciativas de pessoa na pesquisa discursiva comparada. E, por outra parte, comentamos desenvolvimentos investigativos posteriores, alguns nossos e outros de pesquisadores que trabalharam conosco em empreendimentos conjuntos, que ajudaram a aprofundar e transformar as conclusões desse trabalho inicial sobre a discursividade em línguas próximas e nos espaços específicos do Brasil e da Argentina.

Assim, dos cinco capítulos que constituem este livro, apenas dois deles, o terceiro e o quarto, reúnem informação e fragmentos do livro de 2002. E é uma "reunião" constantemente escandida e transformada pela nossa visão atual, explicitando, de modo geral e quando necessário, as diferenças de avaliação. No primeiro capítulo, apresentamos um panorama sobre desenvolvimentos teóricos nos estudos enunciativos e discursivos que dizem respeito à noção de "pessoa", relacionando-os com discussões sobre o problema do sujeito na linguagem que resultam de posicionamentos epistemológicos diferentes. Explicitamos nossas escolhas teórico-metodológicas e desenvolvemos uma primeira fundamentação da possibilidade de a observação das instâncias de pessoa em diversas séries textuais comparadas ser um dos caminhos interpretativos para a determinação sócio-histórica que se processa no interdiscurso. Tem especial relevância no raciocínio que desenvolvemos nesse capítulo a percepção dos objetos de discurso, dentre eles as próprias entidades pessoais, como resultado de um conflito envolvido em todo dizer. Dessa percepção resulta que a observação comparada possa nos aproximar dos modos como cada um desses espaços, Brasil e Argentina, processa verbalmente aspectos da desigualdade social que os constitui.

O segundo capítulo trata de um problema que também traz disjuntivas teóricas e metodológicas: o das línguas próximas, como sem dúvida são o português e o espanhol que confrontamos entre Brasil e Argentina. Interessa-nos questionar o que significa a proximidade quando avaliada no funcionamento do discurso. Fazemos, para tanto, um percurso sobre reflexões em torno da noção de "proximidade" realizadas para outros pares de línguas em diversos lugares do mundo e também para as nossas no nosso meio. Fundamentamos, ali, nossa proposta de uma "proximidade contraditória", que possibilita o funcionamento parafrástico através das duas línguas. No terceiro capítulo, aprofundamos primeiro o conceito de "paráfrase" e outros relacionados a ele, e realizamos a descrição da pesquisa efetuada em 2002, incluindo a exposição dos resultados e índices que discutiremos depois. Essa discussão é realizada no capítulo quatro, retomando alguns eixos do livro de 2002, mas explicitando aquilo que resulta da nossa análise atual, que inclusive deu lugar à percepção de novos indicadores nos *corpora*. No início desse capítulo há, ainda, um contraponto entre duas construções cristalizadas no português brasileiro e no espanhol, cujo funcionamento nos parece uma adequada introdução ao tipo de configurações para a pessoa que se indaga no resto do texto. E no final do capítulo fazemos uma primeira sensibilização ao que a amostra analisada começa a dizer sobre formações imaginárias que determinam a representação do espaço social nos dois países.

No quinto e último capítulo, defendemos uma articulação explicativa para as tendências predominantes encontradas no plano discursivo com as formas específicas que a desigualdade social e a violência (física e simbólica) que a sustenta ganharam em cada um dos dois países. Apoiamo-nos, para tanto, em estudos de história, ciência política e sociologia, alguns comparados e outros restringidos a objetos de cada país. E também nesse capítulo ampliamos a argumentação para essas relações e para as próprias conclusões em torno do discurso, referindo pesquisas que desenvolvemos nos últimos dez anos em torno de um campo da música urbana de finais do século XX, e de outros pesquisadores sobre outros gêneros musicais da primeira parte do mesmo século, bem como sobre discursividades das áreas do esporte, jornalismo e espetáculo.

Com a expectativa de estimular o diálogo com outras perspectivas disciplinares que estudam a cultura dos mesmos países e da América Latina, e de contribuir para os estudos discursivos no plano da interrogação teórica e metodológica sobre a comparabilidade, desejamos também, por que não, uma leitura prazerosa e mobilizadora destas páginas que damos a conhecer.

CAPÍTULO UM

A PESSOA NA ENUNCIAÇÃO E NO DISCURSO

O eixo que relaciona a pesquisa e as reflexões das quais damos conta neste livro é a pessoa na linguagem verbal. A pessoa como traço que se manifesta em diversos níveis do funcionamento da enunciação e do discurso, e que aponta para relações da linguagem com a dimensão sócio-histórica. Mostraremos algo da grande potencialidade explicativa que o estudo das instâncias de pessoa oferece para a comparação de discursos diferenciados por diversos critérios. No nosso caso, por uma delimitação linguística e nacional, já que comparamos séries de enunciados em duas línguas, o português brasileiro e o espanhol, produzidas em dois países: o Brasil e a Argentina.

Esse traço da língua e do discurso que generalizamos como "pessoa" inclui, é claro, os participantes da enunciação reconhecíveis através de pronomes como "eu", "você", "tu", "ele/-a/-s" e as formas verbais e/ou dêiticas relacionadas, mas também as diferentes vozes trazidas para o discurso, as entidades pessoais representadas no enunciado, e, como veremos, as perspectivas e saberes atribuídos a cada uma dessas figuras. O funcionamento da linguagem verbal promove, ainda, a sobreposição entre essas entidades, bem como contornos muitas vezes incertos ou instáveis para sua delimitação mútua. Ao longo da nossa pesquisa comparativa entre *corpora* de discursos brasileiros e argentinos, exploramos grandemente a observação das instâncias de pessoa, que muitas vezes se revelaram em relações regulares com a construção de objetos de discurso, com a orientação argumentativa e/ou com a atualização de categorias semânticas no mundo representado. A reflexão sobre elas nos permitiu estabelecer relações instigantes com aspectos das formações sociais e com os espaços culturais dos nossos países, bem como detectar proximidades e distanciamentos na historicidade materializada nas nossas línguas.

No item seguinte, conceitualizaremos a categoria de "pessoa" nos estudos discursivos e enunciativos, para melhor localizar a perspectiva que assumimos. E logo depois estabeleceremos necessárias relações e diferenciações entre as instâncias de pessoa e uma problemática mais ampla: a da subjetividade no discurso. Antecipamos que, para as linhas teóricas com as quais concordamos, o sujeito do discurso não "deriva" das configurações pessoais nem é redutível a elas. Cremos, porém, que a observação dessas configurações – se posta em relação com regularidades discursivas – pode contribuir grandemente com a indagação da dimensão sócio-histórica em que se constitui a subjetividade. Essa procura de regularidades nos leva, na terceira seção do capítulo, à questão da memória, e, finalmente, ao conflito inerente à delimitação de objetos de discurso.

1.1. As diversas instâncias de "pessoa"

Categorizações e modelos muito divergentes têm sido desenvolvidos e contrapostos, na reflexão sobre enunciação e discurso, para tentar dar conta de relações entre o funcionamento linguístico e a subjetividade. As diversas taxonomias que organizam termos como "enunciador", "locutor", "falante", "sujeito", "ethos" e outros correspondem a diferentes níveis de observação e/ou diferentes agrupamentos dos fenômenos, porém, nas discordâncias mais relevantes, essas taxonomias dizem respeito a concepções diferentes em torno do funcionamento social e do lugar da linguagem e do indivíduo nele. Não pretendemos aqui, nem caberia, fazer um histórico dessas convergências e divergências, apenas dar conta, dentre elas, do que resulta necessário para localizar o lugar onde nos posicionamos como estudiosos e para explicitar nosso instrumental teórico e analítico. Como esperamos que se perceba, dentro do amplo campo dos estudos sobre discurso e texto, nossa identificação é com as correntes que priorizam as relações interdiscursivas e a determinação histórica por sobre os contextos situacionais, os papéis socioinstitucionais por sobre a singularidade dos interlocutores. Também tentamos deixar claro que não é nossa prioridade enquadrarmo-nos em uma escola determinada, mas conhecer de modo reflexivo aquilo que várias vertentes e pensadores com alguns pressupostos em comum têm produzido e descoberto, para melhor balizar nosso caminho de pesquisa sem contradizer os princípios gerais assumidos.

Começaremos o percurso lembrando uma primeira proposição para "pessoa" e "subjetividade" que não corresponde, como se verá, à que adotaremos, mas que resulta impossível desconhecer devido a sua influência posterior no desenvolvimento da conceituação do discurso na Linguística, e por ser ainda ponto de referência para algumas das polêmicas que atualmente nos envolvem: a teorização de Émile Benveniste.

Vários dos trabalhos que vemos compilados no volume que apareceu pela primeira vez na França em 1966 com a denominação *Problèmes de linguistique générale* (Benveniste, [1971] 2002a[1]) foram dedicados à categoria de pessoa em relação a algumas formas linguísticas. Um deles, de 1946, tratou sobre a pessoa no verbo (Benveniste, *ibid.*: 161-171); outro de 1956, sobre a natureza dos pronomes (v. 1: 173-178). Nesses dois escritos o traço de "pessoa" é apresentado como próprio da 1ª e da 2ª pessoas do discurso, enquanto a 3ª seria a "'não-pessoa", fundamentalmente por não remeter, no entendimento de Benveniste, à "instância de discurso" (p. 177), isto é, por não ser lugar de ancoragem para os dêiticos que apontam o aqui e agora da enunciação. Também encontramos, nesses dois trabalhos, a atribuição de "subjetividade" exclusivamente à 1ª pessoa, enquanto a 2ª seria a pessoa

1 Incluiremos a especificação, entre colchetes, do ano de publicação original, nos casos que pareçam relevantes para a evolução de uma teorização ou de uma diferenciação polêmica.

"não subjetiva", já que a fala não passa pela sua "consciência"[2]. A série culmina com um trabalho de 1958 (p. 179-187), que retoma essas considerações em torno das formas específicas para tratar, de modo geral, da subjetividade na linguagem, e que teve a importância histórica de situar o discurso como intersubjetividade e a linguagem como lugar de constituição do homem como sujeito.

A posterior postulação de um "aparelho formal da enunciação" (Benveniste, [1974] 2002b) situou os índices de pessoa como centro mobilizador de todas as formas da língua no funcionamento que o processo enunciativo deflagra. Desenvolvimentos posteriores que se reconheceram nesses pontos de partida questionaram diversos aspectos da reflexão de Benveniste. Dentre eles, interessam para nossa explicação, em primeiro lugar, a unicidade do sujeito enunciador, e também como veremos, a centração da subjetividade na 1ª pessoa e o caráter "não pessoal" da 3ª.

Quanto ao questionamento da unicidade do sujeito falante, destacamos, em um primeiro momento, as categorias de "locutor" e "enunciador" na abordagem polifônica da enunciação por Ducrot (1980, 2001b, [1984] 2001a). "Locutor" corresponderia à voz que aparece como responsável pelo enunciado, representado pela 1ª pessoa, quando ela é empregada. Esse locutor não é, para Ducrot, idêntico ao falante empírico, embora possa coincidir com ele na comunicação não mediada pela escrita nem por outros suportes. Postulando o locutor como "ser discursivo", Ducrot tenta resolver a não coincidência entre a voz expositora e o falante em diversas situações institucionais e/ou de mediação ou ficcionalização nas quais são criadas instâncias complexas como fonte da fala. Diferentemente, com a categoria de "enunciadores", Ducrot aponta para outra não coincidência: a do locutor com seu próprio dizer. A ironia, a negação polêmica, a interrogação autoformulada, mecanismos argumentativos como as construções adversativas e concessivas trazem para a fala do locutor um ponto de vista que não lhe é próprio. Esses pontos de vista, que Ducrot ([1984] 2001a: 268) assimila ao que alguns estudiosos da literatura chamam "sujeito de consciência", são atribuídos a esse segundo tipo de "seres discursivos" que ele denominou "enunciadores".

---

[2] Em consequência, para Benveniste, a linguagem não registraria a atitude do *tu* diante das realidades representadas, nem um enunciado pode ser performativo empregando a 2ª pessoa: "Eu juro" é o ato mesmo de jurar, "você jura" é apenas uma asserção.

Muito posteriormente, no nosso meio, Guimarães (2005: 11-31) formula uma proposta que dialoga polemicamente com o modelo de Ducrot. O pesquisador brasileiro propõe a categoria de "locutor-x", na qual a variável "x" representa "lugares sociais de dizer", relacionados a papéis distinguíveis no funcionamento social, político e cultural. Assim, sempre se fala de um desses lugares: "locutor-pai", "locutor-docente", "locutor-juiz" etc. Em compensação, os enunciadores corresponderiam às falas das quais se apaga a implantação histórico-social do locutor, por exemplo, o "enunciador genérico" (assimilável ao dizer proverbial), ou o "enunciador individual", relacionado à percepção de que se fala "a partir de si", sem outro papel além do de indivíduo. A "cena enunciativa" (*ibid.*: 23) é o modo de distribuição desses lugares no acontecimento de linguagem que é a enunciação.

A reformulação crítica que Guimarães propõe em torno das categorias empregadas por Ducrot obedece à necessidade de levar em conta a dimensão sócio-histórica do dizer. Focalizada na explicação de aspectos do funcionamento linguístico vistos como "instruções sobre o sentido", a teorização de Ducrot explica recorrentemente os locutores e enunciadores como "internos ao semantismo do enunciado"[3], o que impede de levar em conta, para eles, uma implantação em papéis socialmente determinados e preexistentes a cada enunciação.

Pela nossa parte, observamos que esses lugares se conjugam e atravessam, de modo por vezes difícil de diferenciar, com as entidades textualmente estabilizadas por aquilo que Maingueneau (1997, 2001, 2008) denomina "cenografia enunciativa": a encenação de interlocução, tempo e espaço da qual a enunciação, figurativamente, anuncia provir. E agregamos que a observação dessa cenografia impõe, para a abordagem analítica de textos de muitos gêneros do discurso, a consideração de uma diversidade de vozes e de entidades pessoais representadas que se acrescentam e que se entrecruzam com as múltiplas formas de presença do discurso "outro". Nos nossos estudos, tem nos interessado a observação, em relação a lugares sociais de dizer, de todas essas instâncias: locutores, enunciadores de diferentes graus de especificidade e, ainda, **personagens** postos em cena, mesmo sem voz, por considerarmos que sua perspectiva pode relacionar-se ao dispositivo enunciativo.

---

[3] Em Ducrot (2001, s/n): "Um ser discursivo, dado que existe solamente en el semantismo del enunciado". Explicações análogas, como a de serem "internos ao sentido" do enunciado, encontramos em Ducrot ([1984] 2001b: 261).

Apresentamos a seguir um exemplo que integra, na sua observação, essas diferentes categorias. O que se segue é um fragmento da composição "O tempo não para"[4], de Cazuza:

> Te chamam de ladrão, de bicha, maconheiro.
> Transformam o país inteiro num puteiro,
> Pois assim se ganha mais dinheiro.
>
> A tua piscina está cheia de ratos,
> Tuas ideias não correspondem aos fatos,
> O tempo não para.
>
> Eu vejo o futuro repetir o passado,
> Eu vejo um museu de grandes novidades,
> O tempo não para.

Ao observar o que queremos generalizar, neste livro, como "instâncias de pessoa", diante desse fragmento atentaríamos, quanto menos, para o seguinte:

(a) Um locutor que se instala na 1ª pessoa e em um lugar social de dizer amplamente estabilizado no gênero "rock" no mundo: diferenciado de uma massa conformista ou repetitiva e dotado de "outra" visão.

(b) A irrupção, no fio discursivo atribuído a esse locutor-dissidente, de um enunciador genérico, na formulação de tom proverbial "o tempo não para", que é também refrão e título da composição.

(c) Dado que consideramos que a linguagem verbal nas composições musicais não pode ser abordada como "letra", mas sim como palavra cantada, para um caso como este interessa-nos também a voz e a interpretação no canto, onde ganha materialidade o locutor ao qual nos referimos. Concordamos com Frith ([1996] 2014) em considerar a voz, na interpretação da canção popular, simultaneamente como instrumento musical, corpo, pessoa e personagem.

(d) A construção de um interlocutor de aparente unicidade sob a 2ª pessoa, mas que se evidencia muito mais genérico em "te chamam de ladrão, de bicha, maconheiro" do que em "a tua piscina está cheia de ratos". Interessa-nos, também, que na sua forma mais genérica recebe mais empatia na perspectiva do locutor.

---

[4] Trabalhamos sobre essa composição e sobre sua versão para o espanhol no rock argentino em Fanjul (2013), artigo no qual analisamos uma série de músicas de rock transpostas de um país ao outro, em ambas as direções, que retomaremos no último capítulo.

(e) A construção de um "eles" de pouca especificidade, mas suficiente para ser atribuído a um lugar de poder opressor, antagônico ao do "eu". Esse "eles" não é somente alguém de quem se fala, personagem de ações como transformar "um país inteiro em um puteiro". Sua presença contribui, por antagonismo, para delimitar o lugar de dizer representado no "eu". De modo geral, esses "terceiros" são um fator no quadro da enunciação, não apenas do enunciado que integram como personagens, mais nítidos ou mais fugazes, conforme o gênero. Por isso, são também entidades que consideramos dentro das "instâncias de pessoa" que nos interessa observar na sua recorrência em determinados recortes da discursividade.

Consideramos, então, "pessoa" como um *traço* comum à diversidade de entidades e vozes que estamos analisando. Assim, não estamos limitando "pessoa" aos seus dois empregos mais comuns nos estudos linguísticos e discursivos: o falante empírico e/ou a categoria de oposição (1ª, 2ª, 3ª pessoas) no funcionamento de pronomes e de verbos.

A possibilidade de "pessoa" designar algo mais do que o indivíduo empírico e de, no plano da descrição enunciativo-discursiva, corresponder a algo mais generalizador do que a sequência formal 1ª/2ª/3ª resulta mais evidente quando se questiona, precisamente, o caráter de "não-pessoa" para a 3ª, proposto, como vimos, por Benveniste. Concordamos, a respeito, com Zoppi-Fontana (2004: 61), na sua crítica às teorias da enunciação "bidimensionais", centradas exclusivamente na voz. Ao propor integrar na análise enunciativa a noção de "perspectiva", a autora dá um lugar à 3ª pessoa:

> A noção de perspectiva, de focalização, permite a abertura da teoria da enunciação à tridimensão, não só porque incorpora *o lugar do ele* ao jogo enunciativo, mas porque, ao definir sua especificidade, desloca-se do centramento no conceito de voz para a dimensão dispersa do olhar.

As "pessoas" seriam, então, não apenas o sistema de marcas formais, mas também lugares para o "jogo enunciativo", ao qual a proposta da autora integra a 3ª pessoa. Note-se que, para Zoppi-Fontana, o problema da perspectiva se relaciona à dimensão do olhar, e, em consequência, à do saber sobre os objetos e sobre o "mundo" construído no discurso. Isso nos deixa mais próximos do problema da subjetividade no discurso, que abordamos a seguir.

1.2. O interdiscurso e o problema do sujeito

Embora em todo tipo de estudos discursivos possam ser empregadas expressões como "sujeito falante" para referir-se ao indivíduo empírico que fala ou escreve, ou "sujeito enunciador" para determinada perspectiva na enunciação, há um acúmulo de reflexão mostrando que a problemática do sujeito no discurso está longe de limitar-se às instâncias de pessoa e que sua abordagem está estreitamente ligada às escolhas teóricas assumidas. A pesquisa que desenvolvemos desde o início do nosso trabalho no Brasil, bem como o contato e discussão com tantos colegas, conduziu-nos a optar pelas concepções teóricas que descentram o sujeito como fonte do dizer e dão primazia às relações interdiscursivas, considerando o sentido e o sujeito do discurso construídos em e por essas relações.

Foi muito importante, para tanto, o intenso contato com as continuidades e releituras da corrente de análise do discurso que teve início no final dos anos 1960, a partir de trabalhos de Jean Dubois e, fundamentalmente, de Michel Pêcheux (Maldidier, 1994), e dos quais participaram estudiosos que referiremos diversas vezes neste livro, como Jean-Jacques Courtine, Catherine Fuchs, Jacqueline Authier-Revuz e, logicamente, o próprio Pêcheux. Como explica Eni Orlandi, sua principal introdutora no Brasil, essa corrente recebeu algumas vezes o nome de "Escola Francesa de Análise do Discurso", no qual a referência nacional à França "não é um modo científico, mas apenas descritivo" (Orlandi, 2011: 14).

Embora eu nunca tenha chegado a nos incluir em escola em relação às diversas continuidades mais ou menos orgânicas que essa corrente tem no Brasil, e inclusive tenha assumido desenvolvimentos teóricos posteriores, que, em alguma medida, revisam aspectos "clássicos" dessa linha de pensamento (por exemplo, Dominique Maingueneau, que será várias vezes referido), marcou-me profundamente a articulação que Pêcheux e seus colaboradores foram desenvolvendo entre discurso, história e memória. Sua concepção do interdiscurso, sobretudo aquela que Pêcheux atinge nos seus últimos trabalhos, e o modo como essa linha de pensamento integrou a concepção foucaultiana de sujeito têm vigência para além das categorias que ocasionalmente foram empregadas e, como afirma Maldidier (1994: 22), não cessam de produzir efeitos. Disso trataremos brevemente a seguir.

As relações interdiscursivas, isto é, as que se estabelecem entre os enunciados e que determinam a produção de sentido, respondem a alguma regularidade, não são simples associações em um espaço supostamente equipolente de coisas ditas. Em uma etapa da reflexão da corrente francesa, a procura dessa regularidade estava muito relacionada a uma visão da ideologia como "formações" determinadas pelos aparelhos políticos, muito influenciada pela obra de Althusser (1970), o que levava a uma percepção relativamente fechada do interdiscurso. Assim, em Pêcheux e Fuchs (1975: 21), "interdiscurso" é definido como exterior "específico" de um dado "processo discursivo" que, por sua vez, é um conjunto de enunciados relacionado a "condições de produção estáveis e homogêneas" (1975: 24) relacionadas diretamente a posicionamentos na luta de classe e nos aparelhos institucionais. É nessa época que Pêcheux e seu grupo adotam a noção de "formação discursiva", formulada primeiramente por Foucault ([1969] 1972) como categoria para abordar regularidades, e a adaptam criticamente a essa visão, considerando que as formações ideológicas contam com diversas formações discursivas disponíveis como materialidade verbal. O interdiscurso seria, então, o de uma formação discursiva determinada. O falante, mediante um processo de "assujeitamento", é conduzido a uma identificação não consciente com o "sujeito universal" de uma formação discursiva, aquilo que "já fala" na construção de objetos de discurso nessa formação.

O trabalho de Courtine (1981) será decisivo para uma primeira abertura dessa visão do interdiscurso a um escopo mais amplo de relações de contradição, já que, na sua pesquisa sobre os enunciados com que dirigentes comunistas franceses interpelavam os cristãos, ele mostra a formação discursiva como determinada pelo seu exterior, não podendo ser vista como um bloco homogêneo. Courtine também se aprofunda na problemática do sujeito: o sujeito universal próprio a uma formação discursiva é um "sujeito do saber" dessa formação, característica que o vincula à construção dos objetos de discurso como evidências dadas, já que nesse sujeito do saber se fixa a estabilidade referencial desses objetos (Courtine, 1981: 42). Naquela etapa da escola francesa, é esse estudioso quem mais amplamente explora os diferentes matizes da noção de sujeito que Foucault ([1969] 1972: 121-126) desenvolveu na *Arquelogia do saber*: o sujeito como uma função vazia e disponível para ser ocupada, a posição em que se deve estar para ser enunciador do que se diz. Diversas posições podem acontecer ao longo de um mesmo texto, já que o sujeito tem descontinuidade na dimensão linear do que nos aparece como um texto "acabado". Essas posições de sujeito resultam, para Foucault, das relações de regularidade (voltaremos a discutir esse termo nos próximos parágrafos) entre enunciados em determinado domínio. Courtine (1981: 42-48) aproveita bastante a descontinuidade textual do sujeito entendido como função, sem deixar de apontar o que julga, na construção foucaultiana, como desatenção para as relações entre discurso e ideologia e entre discurso e língua. Assim, propõe que o sujeito do discurso é, simultaneamente, "ideológico" na sua relação com o sujeito do saber da formação discursiva e "falante" na sua relação com a língua que lhe permite produzir formulações.

A produção última de Michel Pêcheux mostra um deslocamento para uma concepção do interdiscurso com outras determinações. O pensador produz uma revisão crítica que inclui o modo como foram adotadas as teses althusserianas e a visão fechada da formação discursiva como "máquina discursiva de assujeitamento dotada de uma estrutura semiótica interna e por isso mesmo destinada à repetição" (Pêcheux, [1983] 2002: 56). Nesse texto, como em Pêcheux ([1982] 2011 e [1983] 2007), o interdiscurso é caracterizado como espaço de memória discursiva, sustentado no funcionamento de pré-construídos e de remissões dialógicas[5] e parafrásticas entre enunciados. Essa memória discursiva vai se configurando e modificando em um processo de regularização, mas também sujeito à desregularização pela irrupção do novo, que pode contribuir para reestruturar as redes de memória e de filiações sócio-históricas.

O excerto a seguir sintetiza essa visão do interdiscurso e permite, para nossos objetivos, voltar a algumas disjuntivas em torno da enunciação que referimos no percurso da primeira seção deste capítulo:

> A condição essencial da produção e interpretação de uma sequência não é passível de inscrição na esfera individual do sujeito psicológico: ela reside de fato na existência de um corpo sócio-histórico de traços discursivos que constitui o espaço de memória da sequência. O termo *interdiscurso* caracteriza esse corpo de traços como materialidade discursiva, exterior e anterior à existência de uma sequência dada, na medida

[5] Pêcheux não utiliza diretamente o termo "dialogismo", mas o traz mediante uma citação de Todorov que, por sua vez, explica Bakhtin (Pêcheux, [1982] 2011: 142). Por sua parte, Fiorin (2006) identifica "dialogismo" com "interdiscurso", que para nós é um aspecto da dimensão interdiscursiva, para a qual cremos que deve levar-se em conta, também, o funcionamento parafrástico (Fuchs, 1982): não apenas a polêmica com a palavra do outro, também a recorrência do "mesmo".

em que esta materialidade intervém para constituir tal sequência. O não dito da sequência não é, assim, reconstruído na base de operações lógicas internas, ele remete aqui a um já-dito, ao dito em outro lugar: assim, a noção discursiva de pré-construído deve distinguir-se da noção lógica de pressuposição, da mesma forma a noção discursiva de discurso transverso se distingue da noção lógica de implicação (Pêcheux, [1982] 2011: 145-146).

A referência negativa à tentativa de reconstruir o "não dito" mediante "operações lógicas internas" tem a ver com a polêmica que esse texto estabelece explicitamente com a teorização de Ducrot, já referida em 1.1. A teoria polifônica da enunciação, apesar da grande contribuição ao questionamento da unicidade do sujeito falante, não tentou procurar correlações entre a alternância de locutores e enunciadores e a implantação do dizer em lugares sócio-historicamente já dados. Desse modo, os rastros de plurivocalidade, que Ducrot detecta na cadeia sintagmática mediante índices como a negação, as construções adversativas ou a interrogação autoformulada, são lidos como instruções de interpretação ("operações lógicas", para Pêcheux) de um semantismo interno ao enunciado.

Encerramos o percurso que realizamos neste subitem, em torno do problema do "interdiscurso", destacando nossa opção pela concepção que surge, precisamente, desta última etapa da reflexão de Pêcheux. Nosso objetivo é mostrar que esse nível de subjetividade que se constitui **pelas relações entre enunciados** – sujeito dos saberes já dados, regularização da memória em um domínio –, precisamente por ser determinado por essas relações, não é redutível às configurações que as instâncias de pessoa ganhem em um enunciado em especial. No item seguinte, tentaremos mostrar como a observação dessas configurações pode contribuir, no entanto, em determinadas condições, para aproximações reveladoras em relação ao funcionamento do interdiscurso e da memória.

1.3. Pessoa, interdiscurso e memória

A pessoa, se com essa denominação englobamos todas as modalidades que fomos descrevendo em 1.1, se manifesta na superfície textual mediante formas pronominais (incluídas as de referência genérica), dêiticos, alguns determinantes, desinências verbais, denominações de entidades trazidas como objeto de discurso (os seres representados,

dos quais se fala), introduções mais ou menos evidentes de discurso referido ou do universo de discurso do qual algo proviria, marcas de argumentação que indicam mudança de perspectiva, índices mais ou menos explícitos de reconhecimento de uma interlocução e diversos tipos de modalizadores. Também, de modo mais difuso, mediante a irrupção de "tons que destoam" e trazem a ressonância de um discurso já ouvido, bem como mediante o apagamento aparente das vozes em diversos tipos de enunciação. Boa parte desses traços, sobretudo os mais visíveis, fazem parte do que, para Pêcheux e Fuchs (1975), resulta precisamente da ilusão de o sujeito falante ser a fonte do sentido. Por "saber o que está dizendo", o falante pode modalizar seu enunciado, trazer a ele as vozes de outros, quer com marcas que as diferenciem nitidamente ou, ainda, "dissimuladas" pela ironia.

Sendo assim, poderíamos pensar que a observação das instâncias de pessoa, em vez de nos aproximar das relações interdiscursivas determinantes do sentido, seria antes algo que nos desviaria da sua percepção. Cremos que isso aconteceria se identificássemos uma ordem de coisas com a outra, como se fossem as mesmas, ou como se houvesse entre elas uma relação de correspondências biunívocas. Concordamos com Zoppi-Fontana (2004: 65) quando adverte para o risco de "confundir o que é resultado do jogo enunciativo com o processo discursivo de constituição do sentido". Porém, a diferenciação entre ambas as dimensões permite estabelecer relações não uniformes e instigantes.

As outras vozes e figuras de pessoa, bem como as referências ao próprio discurso aparecem, na linearidade da sequência, como instaladas pelo falante, que as "domina" e ainda as fixa em relação às coordenadas de tempo e espaço da enunciação. É verdade que a fixação pode mostrar ambiguidades e errâncias, mas na produção e interpretação do dizer, o efeito buscado é o da coerência. Esse arranjo reafirma a pretensão de o falante singular ser a origem do dizer e, portanto, a forma que ele ganha resulta da necessidade de reafirmar esse controle. Por isso, ela não pode deixar de mostrar os efeitos de relações interdiscursivas que não são evidentes nem para a produção nem para a interpretação. Essa articulação de vozes é também uma fresta que, nos seus lugares críticos, pode ser uma janela para o interdiscurso. Entendemos assim esta reflexão de Pêcheux ([1983] 2002: 54-55) que relaciona precisamente esses lugares críticos com a "insistência do outro" já não como tal ou qual **citado sob controle**, mas como **princípio da determinação sócio-histórica, exterior à sequência**:

> A descrição de um enunciado ou de uma sequência coloca necessariamente em jogo (através da detecção de lugares vazios, de elipses, de negações e interrogações, múltiplas formas de discurso relatado...) o discurso-outro como espaço virtual de leitura desse enunciado ou dessa sequência.
> Esse discurso-outro, enquanto presença virtual na materialidade descritível da sequência, marca, do interior dessa materialidade, a insistência do outro como lei de espaço social e da memória histórica, logo como o próprio princípio do real sócio-histórico.

As instâncias de pessoa se vinculam, a princípio, ao que Authier-Revuz ([1982] 2011) denominou "heterogeneidade mostrada", enquanto o interdiscurso se relaciona ao que a mesma autora caracterizou como "heterogeneidade constitutiva". É interessante observar sua consideração sobre um possível modo de vincular ambas as dimensões:

> Estudar o modo como funcionam as formas da heterogeneidade mostrada nos diversos tipos de discurso é dar-se acesso a um aspecto da representação que o locutor faz da sua enunciação, representação que traduz o modo de negociação com a heterogeneidade constitutiva própria desse discurso (Authier-Revuz ([1982] 2011: 48, tradução nossa).

Dois pontos nos parecem fundamentais nessa reflexão de Authier-Revuz para especificar a relação de que aqui tratamos. Por um lado, a ideia de "negociação": há um jogo de forças entre o controle representado na linearidade da formulação e o exterior interdiscursivo que determina a emergência desse discurso. Não se trata de dimensões completamente indiferentes uma em relação à outra. E, por outra parte, essa "negociação" não é do locutor, mas própria de um "tipo de discurso", isto é, não pode ser percebida em um caso singular, mas em algum tipo de série, em conjuntos textuais que possam ser enquadrados em alguma unidade classificatória para o discurso, como são os gêneros, os tipos relacionados a áreas da atividade humana (discurso político, pedagógico, jurídico etc.), as formações discursivas (concebidas com diferentes graus de fechamento) ou, inclusive, apesar de não ter sido nossa opção, os discursos produzidos no escopo de um mesmo aparelho institucional.

Em que medida, então, a observação de instâncias de pessoa nos diz sobre o funcionamento do interdiscurso e da memória? Pouco ela diria se fosse feita caso a caso, ou ainda mediante percursos que tivessem essas instâncias como único foco, sem ancoragem em outro critério de reunião de *corpus*. Porém, indagar recorrências, tendências e predomínios para as configurações de pessoa em séries reunidas por tipologias como as que acabamos de referir, nas quais também seja possível reconhecer recorrências na construção de objetos de discurso, pode ser revelador, já que essas configurações não se mostram como meras formas que possam veicular sentidos sem afetar sua orientação em relação a uma memória.

1.4. Conflito, objetos e a violência do dizer

Acabamos de ver: para Authier-Revuz, a representação que o locutor faz da sua enunciação, visível na articulação de vozes e perspectivas, traduz a negociação com a heterogeneidade constitutiva. A capacidade explicativa da metáfora da "negociação" ilustra outro aspecto fundamental do processo enunciativo: o *conflito*. Esse processo é conflituoso, em primeiro lugar, porque sem que o falante chegue a ser consciente disso, enunciar é produzir um corte que deixa fora outras possibilidades; como já explicavam Pêcheux e Fuchs (1975: 20), é estabelecer uma fronteira entre o selecionado e o rejeitado.

Há referentes centrais no desenvolvimento histórico dos estudos sobre a atividade de linguagem que permitem concebê-la, quando observada na vida social, como intrinsecamente conflituosa. Já em Voloshinov[6] ([1929] 2009: 47) o que constitui o signo como "ideológico" capaz de significar é a refração, nele, do ser social, determinada pela "interseção dos interesses sociais de orientação mais diversa, dentro dos limites de um mesmo coletivo semiótico; isto é, a luta de classe"[7]. De modo geral, a própria noção de "dialogismo" como funcionamento da linguagem na teoria bakhtiniana se relaciona ao conflitante, já que todo enunciado refuta, confirma ou completa outros da esfera da interação verbal da qual participa (Bakhtin [1953] 1997: 316). Na tradição de estudos discursivos referida nos itens anteriores a partir de Pêcheux, Courtine, Authier-Revuz, Orlandi ou Guimarães (nos estudos que citamos dele, o próprio processo de designação é visto como político), a produção de sentido resulta da contradição entre posicionamentos,

---

[6] Não desconhecemos que, na edição brasileira, a autoria é atribuída a Mikhail Bakhtin, e não pretendemos tomar posição nesse sentido, apenas registramos a informação da edição que utilizamos, traduzida diretamente do russo para o espanhol.

[7] Tradução nossa da edição referida.

quer em determinadas conjunturas de uma formação social, quer em uma memória de enunciados. E em toda essa corrente houve, como já vimos, um diálogo de aproximações e distanciamentos com a obra de Michel Foucault. Dentre os princípios que este pensador enuncia para a abordagem do discurso está o de "especificidade", crucial para compreender as relações do discurso com os saberes e, de modo geral, o modo de construção dos seus objetos. Para Foucault ([1970] 2008: 53), o discurso não deve ser percebido como meio para decifrar o mundo, mas como "uma violência exercida sobre as coisas, em todo caso, como uma prática que lhes impomos"[8]. Na própria delimitação dos objetos há conflito, e por isso eles adquirem "condições verbais de existência" históricas e determinadas por relações de forças em diversos campos (Pêcheux, [1984] 2011: 151-152).

As pesquisas e reflexões que exporemos neste livro mostraram a possibilidade de relacionar tendências dominantes para as configurações das instâncias de pessoa com formas conflitantes na delimitação de objetos de discurso, incluindo as próprias entidades pessoais como objeto. Não pretendemos que esse conflito representado seja um espelho das contradições que sustentam as práticas socais em que o discurso se insere. O vínculo entre ambas as dimensões não é de correspondências, nem pode ser abordado caso a caso, mas há relações a serem indagadas. Na medida em que a enunciação põe em jogo uma articulação instável de vozes e perspectivas, a observação comparativa dessa articulação em diversas séries textuais pode mostrar traços de como o discurso "negocia" com as determinações sócio-históricas, traduzindo-as e distorcendo-as na dispersão da sua própria ordem.

Na reflexão que desenvolvemos neste livro, a comparação é entre superfícies discursivas que compartilham aspectos das suas condições de produção, e se diferenciam regularmente pela sua origem nacional, argentina ou brasileira, e pela língua histórica da sua materialidade verbal, espanhol ou português. Os resultados das nossas pesquisas, comentados em diálogo com os de outros investigadores que realizaram comparações discursivas em torno da mesma delimitação linguístico-nacional, podem contribuir para a reflexão comparada sobre como essas formações sócio-históricas processaram no discurso aspectos conflitantes do seu desenvolvimento. Dentre eles, muito especialmente, dado que nosso foco tem sido exatamente a

[8] Tradução nossa da edição referida.

pessoa, a delimitação dos seres singulares e coletivos no funcionamento social, e, portanto, uma pista de como se representa a desigualdade nesses espaços.

Ao imaginar os "pares" de espaços que poderiam ser comparados em empreendimentos análogos, tomando como eixo diferenciador estados nacionais e línguas, e observar que aqui se tratará da Argentina e do Brasil, do espanhol e do português, surgem inevitavelmente percepções de proximidade e de vizinhança. No capítulo seguinte, explicamos como abordamos essa problemática ao tratar do funcionamento do discurso.

CAPÍTULO DOIS

PORTUGUÊS E ESPANHOL

NOVO OLHAR DISCURSIVO SOBRE A PROXIMIDADE

A comparação entre línguas não acontece somente no campo científico. O contato entre falantes, o consumo de bens culturais em outra língua, bem como seu ensino e aprendizagem promovem incessantemente discursos comparativos, com maior ou menor embasamento teórico ou empírico. Nesses discursos, segundo o efeito de experiências diversas, a proximidade é por vezes realçada quase como transparência, por vezes questionada como "falsa", "enganosa", "suposta", ou simplesmente deixada suspensa.

No tempo em que realizamos a pesquisa que deu lugar ao livro cujos conteúdos retomamos parcialmente nesta obra, já defendíamos, para o par português/espanhol, uma proximidade sem aspas, tanto assim que o livro se denominou *Português e espanhol. Línguas próximas sob o olhar discursivo*. E também víamos a necessidade de especificar o que entendíamos por "proximidade". O mesmo faremos neste capítulo, mas a partir de reflexões posteriores que superaram o modo como víamos o problema naquele tempo. Por isso, empregaremos desenvolvimentos que fizeram parte de um artigo em espanhol inédito no Brasil (Fanjul, 2009) e outros que, até agora, só têm incluídos em aulas universitárias e na formulação de projetos de circulação restrita, reflexões que agora damos a conhecer.

2.1. Línguas e limites

Cabe, primeiramente, diferenciar dois objetos. Por uma parte, "o linguístico", a ordem da língua como a dimensão verbal na interlocução, com diferentes graus de sistematicidade, segundo a perspectiva teórica que a considere, e sujeita à variação como constitutiva de seu funcionamento. Por outra parte, as línguas denominadas, delimitadas sob um nome: "língua francesa", "língua espanhola", "língua portuguesa" etc., cuja identidade é fundamentalmente geopolítica (Rajagopalan, 1998). Vemos, assim, a nomeação e fixação de uma língua como distinta das outras, o começo e a continuidade de sua padronização como **atos políticos**, sustentados em representações sociais de identidade cultural, nacional, étnica etc., representações que, por sua vez, vão sendo reforçadas e reproduzidas por diversos agentes institucionais mediante instrumentos como gramáticas, dicionários e matérias de ensino. Esse processo de padronização vai incidindo, ao longo das décadas e séculos, sobre o comportamento linguístico real dos falantes e sobre sua percepção de identidade "inequívoca" dessa língua[1].

A observação conjunta do português e do espanhol, nas situações de contato, no ensino ou na pesquisa comparativa, desafia a fixação imaginária da sua delimitação. Elizaincín (1996: 417), que durante décadas trabalhou em torno das variedades da fronteira uruguaio-brasileira, definia nossas línguas como "muito próximas do ponto de vista genético e estrutural", e afirmava que "nunca, diante de um fenômeno concreto, pode o falante (nem o linguista) saber se ele é lusitano ou hispânico"[2].

---

1 Monteagudo (2011: 16-17) desenvolve uma explicação sintética e muito clara desse processo a partir das reflexões da sociolinguística sobre a "lógica dos sistemas fechados".

2 Tradução nossa.

Os estudos comparativos em torno do português brasileiro (PB) e do espanhol (E) conheceram um grande impulso na região a partir da tese de González (1994) – que tratou de aspectos cruciais da aquisição do espanhol por brasileiros – e alcançaram, nas últimas décadas, um notável desenvolvimento, favorecido pelos processos de integração regional. Uma coletânea que coorganizamos recentemente (Fanjul e González, 2014), divulga resultados de alguns desses estudos e, no encerramento, tenta referir sinteticamente uma produção que já atinge, em diferentes lugares do Brasil e, em menor medida, da Argentina, em torno de uma centena de trabalhos, considerando artigos, livros, teses e dissertações. Os tópicos dessa profusa atividade comparativa no campo acadêmico têm incluído diversos aspectos do funcionamento linguístico e também comparações discursivas sobre diferentes gêneros e tipos, a algumas das quais nos referiremos em outros capítulos deste livro. Esse amplo trabalho, desenvolvido a partir de perspectivas teóricas e metodológicas muito heterogêneas, tem contribuído para superar, pelo menos em alguns âmbitos decisivos, os olhares do senso comum ou da generalização estereotipante ao considerar as diferenças e semelhanças entre ambas as línguas. Assim, a interrogação sobre a proximidade e distância entre essas línguas conta hoje com bases muito mais sólidas que décadas atrás, inclusive para empreendimentos como o que explicaremos a seguir.

2.2. Nossa abordagem da proximidade

Fundamentaremos aqui a possibilidade e as implicações de delimitar como objeto de reflexão e pesquisa a proximidade entre línguas, em especial o português e o espanhol, considerada no funcionamento discursivo.

As problemáticas da "proximidade" linguística, de longa trajetória em estudos dialetológicos ou comparatistas, ganharam nova dimensão sob o impulso das condições criadas pelo desenvolvimento de blocos geopolíticos nas últimas décadas do século XX. Particularmente a União Europeia, como processo de integração, multiplicou as situações de contato, uma vez que deixou mais evidente a diversidade existente nos territórios. Proliferaram, naquele continente, durante os últimos vinte anos, pesquisas cujo objeto são as diferentes dimensões e tentativas de abordagem da proximidade entre línguas.

A inquietação gerou abundantes publicações, eventos internacionais específicos, números temáticos em periódicos científicos e projetos de pesquisa que integram grupos de diferentes países. Os trabalhos que no conjunto se mostram como nucleares parecem motivados principalmente por problemáticas didáticas ou por fenômenos de contato ou de bilinguismo social. Mas eles não deixaram de se perguntar por alcances e definições possíveis para a proximidade, questão que inevitavelmente desemboca no que desenvolvemos no item anterior: o que é que se entende por "língua" e "línguas". Assim, embora não seja essa a preocupação central desses trabalhos, a reflexão sobre o que poderia ser denominado como "línguas próximas" ou "línguas vizinhas" atualiza a percepção de que a delimitação de cada língua como totalidade representável é essencialmente geopolítica, resultado de ações padronizadoras sobre um real instável em constante movimento e variação. Lemos em Éloy (2004: 395-396, tradução nossa):

> Todos os trabalhos sobre as "protolínguas", que estariam na origem das diversas "famílias" de línguas modernas, mostram um processo de emergência progressiva da diferença, e, portanto, estados intermediários onde as distinções são parciais, em processo de fixação. Por que isso não existiria hoje? Uma visão que o negasse manifestaria uma espécie de desmesurada crença na padronização das práticas linguísticas e certa superestimação da sua segmentação em conjuntos sem continuidade.

Para podermos de observar a proximidade no plano discursivo também é pertinente desestabilizar o fechamento dos construtos político-linguísticos padronizados, dado que, ao abordarmos o discurso, haverá necessariamente regularidades observáveis de modo transversal a essa delimitação linguístico-nacional.

Outros trabalhos sobre proximidade, como os de Billiez (1996) e Dabène (1996), mais centrados nos cenários de ensino/aprendizagem, chamam a atenção, de diferentes maneiras, para a proximidade/distância como percepção do aprendiz. No nosso meio, Kulikowski e González (1999) apontaram para a relevância dessa percepção nos processos de aquisição do espanhol por brasileiros.

Em parte dessa produção, a intercompreensão aparece como critério central para definir a proximidade/distância e tentar medir seus graus. No texto de Éloy (2004: 397-398), podemos ver uma proposta de escala de seis níveis de maior a menor proximidade, em que o primeiro é a "indistinção" (por exemplo, entre variedades da mesma língua) e o último, a "distância indeterminada". Para a localização de cada par de línguas em um grau da escala levam-se em conta a intercompreensão ou o parentesco histórico.

Sabido é que uma formulação como "intercompreensão" não desperta unanimidade nas ciências da linguagem. Há, pelo menos, duas ordens de questões que o mero termo deflagra. Por uma parte, as que derivam de diferentes visões sobre a possibilidade de correspondências semânticas estáveis e seguras. Por outro lado, os domínios em que essa "intercompreensão" aconteceria: ela seria oral, escrita, ou se daria nas duas modalidades? Em ambas as direções, ou seja, tanto para os falantes de uma quanto da outra língua do par próximo em questão? Ou os falantes de uma "compreendem" somente a escrita na outra língua e os da outra também a oralidade? Intercompreensão entre todos os falantes, ou apenas entre os mais escolarizados? Perguntas todas que surgem e se formulam nos trabalhos que vimos mencionando. Em alguns deles há, ainda, a tentativa de diferenciação entre a compreensão "linguística" e a de "referentes socioculturais" como duas variáveis a serem relacionadas na observação de cada caso de proximidade. Em Robert (2004: 5), essa última distinção serve para distinguir duas categorias, línguas "próximas" e "vizinhas":

> As línguas vizinhas seriam colaterais, variedades próximas nos planos linguístico, histórico, sociolinguístico e sociocultural, enquanto as línguas próximas ofereceriam um parentesco apenas linguístico. Por um lado, intercompreensão muito forte e semelhanças culturais, por outro, intercompreensão menos precisa e diferenças culturais mais acentuadas.

A referência a similitudes e diferenças "culturais", em outras partes do texto particularizadas como "referentes culturais" compartilhados, mostra, como surge das reformulações na sequencia explicativa do fragmento acima citado, a necessidade **de uma dimensão histórico-social** em que a proximidade/distância linguística seja posta em análise.

Outrossim, saindo do contexto europeu, onde os casos de vizinhança ou de superposição geográfica são somente um para cada par de línguas, essa dimensão histórico-social a ser considerada na proximidade pode ser **a mesma** para o mesmo par de línguas em regiões do mundo qualitativamente diferentes **precisamente no sócio-histórico**? Podemos pensar a proximidade entre o português e o espanhol na Europa e na América Latina como **a mesma** proximidade? Seria isso viável, quando se trata de regiões do mundo que se diferenciam entre si pelo desenvolvimento de formações sociais reconhecidamente distintas, e em cada uma das quais as próprias línguas em questão tiveram e têm implantação e situações de contato muito diferentes, por causa, precisamente, das particularidades desse desenvolvimento?

A **proximidade/distância deve ser especificada**: a de determinadas línguas em determinado espaço, em determinada formação sócio-histórica. Significa isso que serão homogeneamente diferentes as proximidades entre português e espanhol na América Latina e na Europa? Não, porque elas compartilharão, em boa medida, os construtos político-linguísticos de referência e porque a variação lexical, morfossintática e fonética que se observa no que se reconhece como cada uma das línguas atravessa desigualmente os dois espaços, havendo assim fenômenos cuja observação pode valer tanto para um contexto quanto para outro contexto. O que cremos é que, ao propor-se a observar a proximidade/distância linguística dando atenção a fatores sócio-históricos que se revelam na interlocução ou na comparação de enunciados, não se faz apenas um acréscimo, propõe-se um recorte diferente na ordem do linguístico.

Essa mesma afirmação nos leva a determinar qual seria, desde esta perspectiva, o domínio adequado para especificar social e historicamente a proximidade. O discurso é precisamente a dimensão onde o histórico-social se encontra com o linguístico e o afeta, o modifica. A língua se torna "o espaço privilegiado de inscrição de traços linguageiros discursivos, que formam uma memória sócio-histórica" (Pêcheux, [1982] 2011: 146).

Na atualidade do português brasileiro e do espanhol na América do Sul, há espaços de memória parcialmente compartilhados para sequências discursivas em determinados domínios, o que possibilita o funcionamento de pré-construídos e de paráfrases[3] transversais às duas línguas, eventualmente obstaculizados, em diferentes graus, pela especificidade e diferença no que há de sistemático no funcionamento linguístico. Esse embate de diferentes regularidades determina o que denominamos como uma "proximidade contraditória" entre essas línguas, quando observadas no plano do discurso[4].

---

[3] No início do próximo capítulo explicaremos amplamente como entenderemos, neste livro, a noção de "paráfrase" e outras a ela relacionadas.

[4] Em trabalho anterior (Fanjul, 2009), demos a denominação "proximidade irregular", com a qual tentávamos captar o movimento de vaivém que se percebe ao observar

Sem dúvida, há situações de proximidade contraditória análogas para outros pares de línguas no mundo, mas aqui nos interessa a singularidade do caso que é nosso objeto de estudo. Percorreremos brevemente, então, alguns níveis de abordagem que nos parecem necessários tanto para caracterizá-lo na sua singularidade como para prefigurar delineamentos metodológicos para um enfoque discursivo: a situação das línguas como entidades políticas, as relações semânticas para os objetos de discurso, a articulação de unidades e categorias de análise e a especificidade do funcionamento linguístico na sua autonomia relativa.

Considerando as línguas portuguesa e espanhola como delimitações políticas na perspectiva explicada no item anterior, elas resultam, na América Latina e ainda na região do Cone Sul que nos ocupa, de processos de implantação que têm em comum seu caráter colonial, mas se diferenciam pela especificidade das diferentes colonizações e do desenvolvimento político linguístico posterior. Como resultado disso, apresentam hoje panoramas diferentes quanto a sua padronização, que incidem também na sua consideração como identidades linguísticas nesta região do mundo. Estudos de estandardologia comparada que confrontam o português com o espanhol, como os de Poll (2001) ou Joseph (1987) coincidem em caracterizar o português no mundo como "bicêntrico", com um centro de produção de norma em Portugal e outro no Brasil, e o espanhol como "policêntrico", com várias normas de prestígio relacionadas ao domínio de diferentes centros geográficos. Não entraremos aqui na consideração da complexidade que significa avaliar essa classificação em relação a diferentes tipos de norma e de padronização. Trazemos à tona a questão, que tratamos com mais detalhe em Fanjul (2004 e 2011), para indicar que se trata de um fator a ser levado em conta na contraposição das diversas superfícies discursivas que confrontamos no projeto, sobre as quais incidem esses diferentes modos de existir em relação com modelos e "padrões" de língua. Essa circunstância merece mais atenção ainda quando a comparação é realizada entre gêneros ou tipos discursivos implantados na indústria cultural, como muitos dos que referiremos no capítulo 5. Enfim, o recorte político das identidades linguísticas não é simétrico

comparativamente o discurso. Porém, o que entra em conflito são precisamente diferentes regulações, o que oferece a possibilidade de encontrar, como sempre procuramos, regularidades no vaivém. Por isso, cremos que o termo "contraditória" é mais adequado e nos afasta da pura relativização.

para o português no Brasil e para o espanhol na Argentina, como não é no mundo, e essa assimetria é também um aspecto da proximidade entendida como aqui a abordamos.

Quanto à articulação de temas, objetos e figuras no discurso, aquilo que nas reflexões sobre proximidade linguística como as que referimos antes aparece denominado como "referentes culturais" é entendido muitas vezes como o reconhecimento das referências a fatos pontuais, locais, costumes, personagens ou objetos específicos do coletivo que fala uma língua por parte dos que falam a outra. Do nosso ponto de vista, que esse tipo de reconhecimento se produza ou não, que a informação compartilhada a respeito esteja mais ou menos generalizada entre os falantes de duas línguas ou variedades não é por si mesmo um dado significativo para avaliar sua proximidade no nível discursivo.

Em compensação, parece-nos relevante haver uma certa regularidade nas relações que esses objetos suscitam no discurso de cada lado, ou seja, nas redes semânticas em que eles se articulam nas discursividades das duas línguas. Isso tanto para aqueles objetos próprios de um dos espaços linguístico-nacionais, quanto para os que são comuns a ambos e para aqueles que são de alcance mundial. Esses vínculos semânticos podem ser observados em superfícies discursivas contrapostas como mostraremos no capítulo 5, mas também em práticas discursivas que resultam da interpretação de enunciados, tais como a reformulação parafrástica, que nos serviu para construir *corpora* experimentais em fases anteriores de nossa pesquisa como a que reproduzimos nos capítulos 3 e 4. Como esperamos mostrar, nossa comparação das discursividades brasileiras e argentinas mostra que o modo como se articulam temas, objetos e figuras em uma memória discursiva remete a formações sociais com desigualdades análogas, mas de grau e extensão muito diferentes, com contradições também análogas nos processos de identificação sociocultural e socioétnico, e histórias políticas com paralelos possíveis, mas com realizações institucionais e tempos não congruentes[5]. Isso prefigura, para o pesquisador, o trabalho sobre memórias discursivas parcialmente compartilhadas em que aconteçam processos parafrásticos ora convergentes, ora divergentes,

[5] No capítulo 5, faremos referência a estudos muito mais específicos no campo das ciências humanas, mas podemos antecipar que até mesmo uma obra de história comparada muito pautada na procura de paralelismos, como a de Fausto e Devoto (2004), representa o percurso histórico contraposto de ambos os países com a metáfora de um "ziguezague" (p. 25).

com um objetivo de longo prazo de encontrar constantes nessas aproximações e distanciamentos. A partir de outro ponto de observação, o dos deslocamentos dos sujeitos no contato com a língua outra em diversos cenários, Celada (2010: 117-118) considera que no português e no espanhol há regularidades que atuam "lembrando, rememorando, indicando, evocando, insinuando ou simplesmente aludindo a formas de dizer do funcionamento da outra".

A observação comparada de discursos diferenciados por espaços linguístico-nacionais, como a que propomos neste livro, deve, ainda, interrogar de um modo específico as ferramentas de análise. Unidades para a constituição de *corpus* de trabalho, tais como os gêneros de discurso, os tipos discursivos relacionados a áreas das práticas sociais (discurso pedagógico, político, religioso) ou a instituições (discurso judicial, escolar) devem ter sua delimitação constantemente questionada em função de qual foi seu desenvolvimento específico em cada uma das formações sócio-históricas que comparamos. Da mesma maneira, unidades como as que Maingueneau (2008) denomina "não tópicas", como as formações discursivas ou os percursos de repetição de determinadas configurações como as de "pessoa" que explicamos no primeiro capítulo, devem ser interrogadas nas formas que o funcionamento linguístico oferece de cada "lado" da comparação.

Por isso, o que se observa nos processos de enunciação deve ser posto em diálogo com as muitas descobertas de pesquisas comparativas que mencionamos na seção 2.1, em torno da sintaxe e de categorias semânticas envolvidas em significativas diferenças no funcionamento do português brasileiro e do espanhol, apesar de seu forte parentesco genético.

Enfim, o trabalho comparativo que desenvolvemos desde nossa investigação de 2002 até hoje, bem como o que ajudamos outros pesquisadores que trabalharam conosco a promoverem, tem encontrado a necessidade de articular de diferentes maneiras esses níveis de abordagem para indagar a proximidade contraditória no plano discursivo.

CAPÍTULO TRÊS

PARÁFRASE, REFORMULAÇÃO E UMA PRIMEIRA PESQUISA

Este capítulo e o que se lhe segue são os dois que se constroem principalmente com reformulações de material oriundo do livro *Português e espanhol. Línguas próximas sob o olhar discursivo*, publicado em 2002. Como antecipamos na Introdução, esse material está reordenado e, para este livro, foi objeto de uma seleção e de muitas intervenções sobre seu desenvolvimento expositivo. Neste capítulo em especial, exporemos os procedimentos operativos da pesquisa realizada, isto é, em que consistiram os testes experimentais, como foram as amostras e como determinamos as varáveis e indicadores para a análise dos resultados. Limitamo-nos aos testes cujos resultados comentaremos total ou parcialmente em função dos objetivos deste livro, o que significa que não incluiremos todos os que foram discutidos no livro de 2002.

Previamente a essa apresentação de aspectos da pesquisa realizada, estabeleceremos o valor com que empregaremos os conceitos de "paráfrase" e de "reformulação parafrástica". Essa explicação tem dois objetivos. Por uma parte, completar o desenvolvimento teórico realizado no capítulo anterior sobre como abordamos a proximidade linguística no plano do discurso, já que afirmamos nele que um dos aspectos dessa proximidade é a possibilidade de um funcionamento parafrástico que atravesse as duas línguas. Por outro lado, porque necessitamos caracterizar o tipo de prática discursiva empregada nos testes, o que nos leva a explicitar suas características diferenciais dentro do amplo leque de processos conhecidos como "reformulação".

3.1. Paráfrase e ressonância de significação

O termo "paráfrase" costuma estar ligado a noções como "equivalência" entre segmentos de discurso, incluindo as relações de correferência entre eles. Assim aparece definida em dicionários especializados como o de Ducrot e Todorov (1975: 274) ou o de Charaudeau e Maingueneau (2004: 366). Para uma perspectiva discursiva como a que adotamos no capítulo 1, a "equivalência" ou qualquer tipo de relação de sentido não pode ser intrínseca a determinadas unidades lexicais ou fraseológicas, ela requer uma "região do interdiscurso"[1] a partir da qual produzir-se como efeito de um domínio de memória ou da identificação com uma posição de sujeito.

Por isso nos parece adequado ter como ponto de partida uma visão da paráfrase como a proposta por Catherine Fuchs (1982a), para quem a paráfrase não é uma relação inerente aos segmentos que ela põe em relação, mas o julgamento de um sujeito que identifica semantismos entre essas unidades. Esses semantismos podem envolver qualquer aspecto da significação, correspondente a qualquer nível do funcionamento linguístico, abrangendo, então, do mais "literal" a identificações semânticas mais difusas.

No nosso meio, Serrani (1997: 47), no contexto de uma leitura crítica das definições de Fuchs, desenvolve uma proposta que explora muito produtivamente, do nosso ponto de vista, a relação da paráfrase com diversas instâncias subjetivas e favorece, também, o trabalho com unidades localizadas em níveis diferentes do funcionamento. Para Serrani, existe paráfrase entre segmentos de discurso quando

1 Empregamos essa figuração a partir de Guimarães (2005: 30).

é possível identificar, entre eles, uma "ressonância interdiscursiva de significação", um "efeito de vibração semântica mútua" entre as unidades. Esse "ressoar" não é intrínseco às unidades, o efeito de sentido ressoa para alguém "tanto na dimensão dos interlocutores específicos projetados no discurso (projeção para a qual é fundamental o domínio das formações imaginárias), quanto na dimensão do sujeito, no sentido foucaultiano do termo)". As ressonâncias podem ser entre unidades específicas (lexicais ou fraseológicas) ou entre o que Serrani denomina "modos de dizer", combinações, de diversos graus de complexidade, entre construções sintáticas e categorias semânticas da ordem da modalidade, determinação, aspecto e outras[2]. No quarto capítulo aparecerão, nas análises, algumas unidades tipificáveis entre essas categorias, e esclarecemos que é essa a concepção de paráfrase que, de modo geral, temos adotado no nosso trabalho.

3.2. A atividade discursiva na nossa experimentação: reformulação parafrástica

No intuito de caracterizar o tipo de experimentação que realizamos em 2002, devemos ocupar-nos agora do conceito de "reformulação". Existe uma tradição de considerar a reformulação como operação explicativa que um falante realiza em e sobre seu próprio enunciado. Essa tradição é recolhida, por exemplo, no número 73 de *Langue Française*, titulado *La réformulation du sens dans le discours*. Quase todos os trabalhos do Groupe de Linguistique de Strasbourg (GLS) ali publicados tratam de marcadores como "quer dizer", "a saber", "isto é" e outros, cujo funcionamento é estudado, em todos os casos, com exemplos em que alguém reformula suas próprias palavras. Nesse marco, são contrapostas estratégias discursivas que orientam a escolha de tal ou qual marcador, e outras relações com aspectos da interação, mas sempre no interior da formulação. Assim apresentam os trabalhos Riegel e Tamba (1987:3, grifo nosso):

> Para explicitar o sentido de uma palavra ou de um enunciado, valemo-nos das "reformulações" que **se inserem na trama do discurso** sem

---

[2] Esse último desenvolvimento descritivo é nosso, a partir da observação de análises desenvolvidas por Serrani, nesse livro e em outros trabalhos, nos quais emprega a categoria de "modo de dizer". No lugar em que a autora define essa categoria no livro que estamos referindo, indica somente "construções sintático-enunciativas" (1997: 47).

se confundirem nem com a primeira formulação nem com uma repetição pura e simples.

A consulta a dicionários especializados mostra, a respeito, resultados desiguais. O dicionário de Dubois *et al.* (1978) define "reformulação" como uma transformação do enunciado de outro:

> reformulação (ing., *rewording*)
> Chama-se reformulação o comportamento verbal através do qual, numa língua dada, um falante pretende reproduzir sob outra forma exatamente o que foi expresso por outro falante, na mesma língua. A reformulação é também chamada de tradução intralingual, por oposição a interlingual.

O dicionário de Ducrot e Todorov (1975) não tem verbete para "reformulação" em nenhum de seus capítulos, e o *Dicionário de análise do discurso* de Charaudeau e Maingueneau (2004: 420-421), que já referimos sobre a paráfrase, considera as duas possibilidades: reformulação como retomada de um elemento do próprio enunciado ou do enunciado de outro.

No tipo de prática que desenvolvemos nos testes da pesquisa de 2002, o respondente reformula as palavras de outro locutor. De acordo com as definições de reformulação como atividade realizada pelo falante sobre o próprio enunciado, não seria uma reformulação. Dadas uma sequência X e uma sequência Y, uma seria reformulação da outra somente nessas condições. Mas encontramos em Fuchs (1982b: 150) a noção de "reformulação parafrástica", que pensamos que se enquadra no caso. Para Fuchs, dadas uma sequência X e uma sequência Y, entre as quais um sujeito S (entendendo aqui "sujeito" como falante empírico) identifica algum tipo de semantismo, há duas possibilidades:

(1) O sujeito S identifica o semantismo da sequência X produzida por outro sujeito S', com o semantismo de Y, produzida por um terceiro sujeito S''. Nesse caso, S reconheceu em Y uma paráfrase de X.
(2) O sujeito S identifica o semantismo de X, produzida por S', com o semantismo de Y, produzida por ele mesmo (S). Nesse caso, S produziu Y como uma reformulação parafrástica de X:

> Essa sequência Y foi produzida em uma situação Sit'' por um sujeito S'' que pode ser idêntico a S (no caso em que S reformula parafrasticamente X como Y), ou diferente de S (no caso em que S reconhece simplesmente Y como uma variação parafrástica de X) (Fuchs, 1982b: 150).

Cremos que essa descrição é a que melhor caracteriza o tipo de atividade que nossos respondentes desenvolveram, e foi, portanto, a que adotamos para denominá-la.

3.3. Breve retorno a 2002

Este livro tem propósitos específicos em torno das problemáticas de que tratamos nos dois primeiros capítulos: as configurações de pessoa como espaço prolífico para a abordagem comparativa do discurso e a problematização dessa comparação entre línguas e estados nacionais, especificamente no Brasil e na Argentina, e nessas línguas de particular proximidade. Mas, para isso, estamos nos valendo, dentre outras coisas, da leitura de dados de uma pesquisa e das posteriores reflexões em um livro que teve objetivos próprios. Apesar da distância que hoje nos separa desses objetivos, consideramos importante retomá-los para contextualizar a pesquisa, embora hoje ponderemos os resultados a partir de outro lugar de reflexão.

O que vemos por primeiro nessa retrospectiva é que nossa investigação foi fortemente influenciada, naquele tempo, por dois fatores inseparáveis do modo como nos aproximávamos de um campo de estudo que envolve a estrangeiridade. Por uma parte, nossa condição de imigrante recente no Brasil, onde nos estabelecemos em 1998, menos de um ano antes de começar esse estudo. Era um momento de estranhamento e de certo fascínio em relação ao que, na convivência com brasileiros, íamos descobrindo como atuações verbais que nos desconcertavam, percepções, mais ou menos regulares, do inesperado na produção de sentido. Esses "desajustes" já eram objeto de comentário entre brasileiros e argentinos, particularmente entre aqueles que se dedicavam a diversas disciplinas de humanidades, e, de modo geral, remetidos a "idiossincrasias" próximas do estereótipo e do senso comum. Por outra parte, influiu nossa condição de professores de uma língua estrangeira em um momento de ebulição das discussões sobre o "componente cultural" no ensino de línguas. Nosso esforço era tentar tirar essa **percepção de diferença** da vagueza e do essencialismo que víamos (e vemos) em algumas formulações sobre a "cultura" que circulam no campo aplicado, para localizá-la na materialidade discursiva. Dizíamos na Introdução daquele livro:

> Os estudos discursivos já atingiram essa possibilidade: trata-se de operar com suas categorias de modo coerente, com objetivos claramente

delimitados, sem perder nunca de vista a materialidade. Diante daquilo que parece fugidio, indefinível, tentar constantemente perceber **qual é seu aspecto material**, qual o traço **reconhecível** que o caracteriza (Fanjul, 2002: 19, grifo no original).

Na tentativa de aproximar nossas intuições de categorias do funcionamento da enunciação com as quais se pudesse operar, decidimos indagar, com base em observações comparativas prévias, duas ordens de problemas: as modalizações de possibilidade de certeza e a delimitação das entidades pessoais. Em torno delas, tínhamos hipóteses sobre tendências diferentes na discursividade dos respondentes argentinos e dos brasileiros. Havia uma terceira problemática a indagar, a representação do tempo no enunciado, mas já no próprio desenvolvimento da pesquisa só se mostrou produtiva quando relacionada às outras duas.

Assim, nosso interesse se centrava em fenômenos dos processos enunciativos em torno dos quais supúnhamos um predomínio de tendências diferentes dentro das possibilidades que as línguas ofereciam. Por termos esse foco, não nos propusemos, naquele tempo, adotar, como critério de constituição de *corpus*, unidades "tópicas" (Maingueneau, 2008) tais como gêneros ou tipos. Apenas, para garantir homogeneidade e comparabilidade, buscamos que todos os textos dos quais extrairíamos fragmentos para reformulação fossem do mesmo gênero: a propaganda institucional de empresas. Mas não era um propósito da pesquisa obter conclusões sobre as características desse gênero nos dois países.

Pensamos, hoje, que esse modo de trabalho também foi influenciado pelo fato de estarmos em um momento de transição da nossa formação, processo que a distância nos permite ver com mais nitidez. Nossa familiaridade com a perspectiva discursiva que descrevemos no capítulo 1, e que já naquele tempo começávamos a adotar, era ainda recente. Chegávamos a ela porque não encontrávamos resposta satisfatória em abordagens cognitivas da significação ou em modelos que subordinavam o estudo do discurso ao da produção de identidades sociais. Mesmo assim, a teoria das representações sociais, a partir de autores como Denise Jodelet (1989), estava muito presente na nossa reflexão, como se podia ver nos capítulos iniciais tanto da tese que defendemos em 2002 quanto do livro que publicamos no mesmo ano. Assim, o conhecimento dos tipos de testes que se empregam no estudo de representações, ou dos testes de atitudes em estudos sociolinguísticos incidiu para o tipo de procedimento que escolhemos. Rever o livro hoje nos leva a perceber que o próprio desenvolvimento da pesquisa marcou nosso deslocamento definitivo: o conceito de "representações" aparece no referencial teórico, mas não é retomado na análise nem nas conclusões, que se dão integralmente em termos de enunciação e discurso, e que comentaremos ao longo deste capítulo e do próximo.

Também graças à distância temporal e à reflexão que fomos desenvolvendo depois no plano metodológico, cremos que um procedimento experimental como esse leva à procura de um tipo de unidade de análise do discurso que Maingueneau caracteriza como "percurso", uma das unidades "não tópicas", isto é, estabelecidas pelo próprio analista:

> Praticamos também em análise do discurso o estabelecimento em rede de unidades de diversas ordens (lexicais, proposicionais, fragmentos de textos) extraídas do interdiscurso, sem procurar construir espaços de coerências, construir totalidades. O pesquisador pretende, ao contrário, desestruturar as unidades instituídas, definindo percursos não esperados: a interpretação apoia-se, assim, sob a atualização de relações insuspeitas no interior do interdiscurso (Maingueneau, 2008: 23).

Ao concluir a pesquisa e refletir sobre os resultados, sentimos a necessidade de passar, posteriormente, a indagar o tipo de regularidades que encontramos em *corpora* de outra natureza, mais ancorados, pelos seus critérios de constituição, na implantação socioinstitucional do discurso e nos seus modos de circulação. Assim, demos início às investigações que descreveremos no capítulo 5, em torno de diversos gêneros da cultura de massa.

As hipóteses que tínhamos feito abriram caminhos para encontrar resultados que ainda hoje avaliamos como muito significativos, e que modificaram o próprio modo de formularmos a problemática. A dimensão das instâncias de pessoa, tanto no nível dos seres "dos quais se fala" quanto no da interlocução representada mostrou-se como o aspecto nodal da comparação, e a delimitação do factual/não factual, que indagamos por meio das modalizações de possibilidade e certeza, como subordinado ao anterior. No caminho de ir expondo esses resultados, observaremos, na seção seguinte, os testes que construímos e as amostras que coletamos entre 2000 e 2001.

3.4. Materiais e amostras

O procedimento que utilizamos foi apresentar aos sujeitos de pesquisa textos nos quais havia alguns segmentos sublinhados por nós. De modo geral, a indicação dada aos participantes foi "dê, para cada unidade sublinhada, equivalências que possam funcionar no mesmo contexto, com sentido similar". Como antecipamos no item anterior, todos os textos eram propagandas institucionais. Havia textos em português e outros em espanhol. Fizemos uma amostra na Argentina (Buenos Aires) e outra no Brasil (São Paulo). Todos os que responderam eram estudantes universitários do curso de Letras com habilitação em português em Buenos Aires e em espanhol em São Paulo, em todos os casos cursando as últimas disciplinas do curso[3]. Fizemos essa opção porque, embora o trabalho de escrita que tinham de fazer fosse muito simples e os fragmentos a serem reformulados não requisessem um repertório muito amplo na outra língua, parecia preferível a maior familiaridade possível com essa língua e nosso foco não era sua aquisição. As reformulações que os sujeitos tinham de dar eram sempre na língua do texto, e todos responderam sobre os mesmos textos e fragmentos nas duas línguas. Houve, então, quatro amostras:

(a) Argentinos reformulando em espanhol fragmentos em espanhol.
(b) Argentinos reformulando em português fragmentos em português.
(c) Brasileiros reformulando em espanhol fragmentos em espanhol.
(d) Brasileiros reformulando em português fragmentos em português.

Todos os mesmos fragmentos dos mesmos textos, apresentados com a mesma indicação de trabalho. Realizamos 38 casos em cada país. Começamos por Buenos Aires porque, havendo nessa cidade, naquele tempo, uma quantidade de cursos e alunos muito mais reduzida, seria essa cidade que daria o limite para a extensão da amostra. Não houve seleção: trabalhamos com o universo completo dos alunos do último ano, tendo como critério excluir apenas os estrangeiros que

---

[3] Na Argentina, os 38 casos eram alunos do Profesorado en Lengua Portuguesa do Instituto Superior del Profesorado en Lenguas Vivas Juan Ramón Fernández. No Brasil, 29 casos foram do curso de Letras-Espanhol da Universidade de São Paulo e 9 do curso de Letras-Espanhol do Centro Universitário Ibero-Americano.

encontrássemos em cada país (não encontramos nenhum nas turmas que visitamos). As provas foram aplicadas no horário normal de aula, com os alunos que estavam presentes, que foram em todas as ocasiões mais de 65% dos inscritos em cada turma.

Neste livro, referiremos somente os textos e fragmentos com cujos resultados trabalharemos, por terem sido os mais significativos. Os anexos a que remetemos se encontram no final do livro.

O primeiro é uma propaganda da Microsoft em espanhol (anexo 1), que advertia contra os *softwares* "piratas" e dava recomendações para que o usuário garantisse ter um *software* autêntico ao comprar um PC. Um dos fragmentos que demos para reformular foi "Asegúrese que sea legal".

O segundo é uma propaganda da ANATEL, empresa reguladora da telefonia, publicada nos últimos dias de 1999, acerca do que se conheceu como "*bug* do milênio". Como lembrarão os que viveram essa época, havia, no mundo todo, o receio de que acontecesse um erro de lógica ("*bug*") na passagem de 1999 para 2000, e que os sistemas computacionais "entendessem" que começava o ano de 1900 e não o de 2000, com as consequências previsíveis para contas bancárias e outros âmbitos. Como se sabe, o "*bug*" não aconteceu, mas realmente, no momento, sua possibilidade chegou a gerar relativa inquietação. Na propaganda (anexo 2), que incluía uma foto da atriz Regina Duarte, a ANATEL tranquilizava os leitores informando que inúmeros testes tinham sido realizados. Um dos fragmentos que sublinhamos foi "ter certeza" no período "Em todos os seus órgãos, ministérios, secretarias e empresas, centenas de técnicos e especialistas no país inteiro já ajustaram e corrigiram sistemas, e fizeram testes e mais testes para ter certeza de que está tudo certo".

O terceiro foi uma propaganda em espanhol que anunciava a união de duas empresas de telefonia celular (anexo 3), e que trazia um *slogan*: "La nueva comunicación tiene nombre y apellido". A unidade dada para reformular foi "tiene nombre y apellido".

O quarto excerto era uma propaganda da Loteria do Rio de Janeiro (LOTERJ), única apresentada aos respondentes transcrita e não na sua forma original, devido à dificuldade de conseguir uma boa reprodução. O texto era o seguinte, e os fragmentos sublinhados foram "tudo que for preciso" e "digna":

> Quando você tenta a sorte em um jogo da LOTERJ, mais de 13 milhões de pessoas saem ganhando. É que a renda obtida com a Raspadinha, o Toto Bola e os bingos autorizados pela LOTERJ é revertida para a Vida Obra Social do Governo do Estado do Rio de Janeiro. O prêmio pode sair na forma de ambulâncias, casas populares e [tudo que for preciso] para tornar melhor e mais [digna] a vida do povo do nosso Estado.
> LOTERJ. Sorte de quem mora aqui.

O quinto era uma propaganda em espanhol do conglomerado de empresas SOCMA[4], com muito pouco texto, que fazia uma síntese da trajetória da empresa quase na forma de um *slogan* (anexo 4). A maior parte do espaço era ocupado pela enumeração "El esfuerzo del pasado/ la solidez del presente/la confianza en el futuro". Marcamos esse fragmento, e foi este o único caso em que a indicação dada aos respondentes foi diferente das que pediam uma "equivalência": "Haga un párrafo de no más de tres líneas que explique el fragmento circulado manteniendo la referencia a los tres tiempos (pasado, presente, futuro)".

3.5. Resultados obtidos: variáveis e índices

Nesta seção, apresentaremos, para as reformulações de cada fragmento que acabamos de mencionar, as categorizações definitivas resultantes da leitura de ambas as amostras, as variáveis e a quantificação de índices que estabelecemos a partir delas. No capítulo seguinte, desenvolveremos a argumentação sobre como interpretamos esses resultados. Nesse outro capítulo não seguiremos a ordem fragmento por fragmento que empregamos aqui, mas trabalharemos por áreas temáticas. A remissão aos índices será feita com a numeração das tabelas que incluiremos a partir daqui.

Em todos os casos em que, neste capítulo e no próximo, transcrevemos produções dos respondentes, tivemos o critério de manter a ortografia, a sintaxe, a pontuação e o léxico que eles produziram, mesmo com as inadequações próprias de quem escreve numa língua segunda.

Quando apresentamos um caso com a nomenclatura utilizada na pesquisa (A010, B023 etc.), "A" indica que é um caso da amostra argentina e "B" da brasileira.

---

[4] É a sigla de "Sociedad Macri". No tempo de realização dos testes, Macri não era, na Argentina, como é hoje, um nome relacionado à vida política.

3.5.1. *Asegúrese que sea legal*

Diferenciamos duas tendências na reformulação de *"asegúrese"*: uma que naquele tempo chamamos "foco no processo", correspondente a um valor cursivo para o aspecto verbal, e outra de "foco no resultado", correspondente a um valor terminativo. Consideramos os valores "cursivo" e "terminativo" como dois pontos possíveis em um *continuum* aspectual que pode captar o evento em alguma das suas fases: inicial, de percurso ou final (Almeida, 1980). Atribuímos valor cursivo, dentre as formas que apareceram, a *"certifíquese", "verifique", "fíjese"/"fijáte", "cerciórese", "corrobore", "asesórese", "tome cuidado de", "exigí", "solicite", "mire", "vea", "cuide", "confire", "comprueba", "procure", "confirma", "controle", "tomá precauciones", "tomá la precaución", "revisá"*. Ao valor terminativo corresponderam as formas *"tenga (la) certeza", "esté seguro", "esté cierto", "tenga certidumbre"*.

A diferença aspectual entre esses grupos de formas se dá tanto no funcionamento da língua portuguesa quanto no da língua espanhola. "Assegurar-se", "verificar", "certificar", "confirmar", "comprovar" etc. descrevem o processo de alcançar a certeza, que em "estar seguro", "ter certeza" etc. aparece como já atingida.

Enunciadas em imperativo, a diferença aspectual se neutraliza parcialmente, dado que o imperativo implica não realização (se pedimos algo é porque ele ainda não está realizado), e então "tenha certeza"/"esteja certo" (ou em espanhol "tenga certeza", "esté seguro") podem funcionar no lugar de "assegure-se". Porém, como seleção enunciativa, a diferença não é inócua. Ao "optarmos" por "tenga certeza", estamos focalizando o resultado que esperamos, enxergando daqui a certeza já imaginariamente (como cena) obtida. Em compensação, a seleção das variantes do tipo "certifíquese", "verifique", "corrobore" enfoca o processo. Quer dizer, a diferença aspectual se neutraliza exclusivamente no que tem em comum com o valor modal, mas subsiste nos outros traços da significação. Prova de que essa diferença aspectual se mantém, isto é, de que "tenha certeza", "esteja certo"/"tenga seguridad", "esté seguro" conservam valor terminativo, é que não é comum ouvir, por exemplo, "tenha a verificação"/"tenga la verificación". "Verificação"/"verificación" são cursivos, e se resultam rejeitados por "tenha"/"tenga" é porque esse último conserva o valor terminativo, que lhe permite funcionar com os outros itens mencionados.

Em síntese, considerando que houve, mesmo no imperativo, essa diferença aspectual, e que toda diferença, ainda mais se mostra a regularidade que veremos nos índices, significa alguma coisa, cremos pertinente levar em conta o que aconteceu nas amostras diante dessa seleção, cujos termos estão disponíveis nas duas línguas.

Houve, para esta reformulação, 37 casos válidos em cada amostra, já que em cada uma delas um respondente não realizou a reformulação desse fragmento. Sobre esses totais damos os resultados:

	Argentinos (total: 37 casos)	**Brasileiros (total: 37 casos)**
Foco no processo (aspecto cursivo)	34 casos 91,89%	14 casos 37,84%
Foco no resultado (aspecto terminativo)	1 caso 2,70%	21 casos 56,76%

Tabela 3.1 – Valor aspectual nas reformulações de "Asegúrese que sea legal".
(Alguns respondentes apresentaram mais de uma opção, as cifras indicam em quantos casos se manifestou cada uma das opções.)

Além dessa diferenciação geral, houve mais dois indicadores que nos pareceram interessantes:

(a) Sete dos 21 brasileiros que focalizaram o resultado trocaram o subjuntivo "sea" da frase pelo indicativo "es" (*tenga certeza de que es legal, esté cierto de que es auténtico* etc.).

(b) Em outros sete casos de brasileiros, todos eles incluídos, é claro, na opção "foco no resultado" da tabela 3.1, aparece a palavra "cierto" seguindo a forma verbal "esté".

Como em todos os itens que seguem, nossa interpretação dos resultados em função dos objetivos do trabalho será desenvolvida no capítulo 4. Passamos agora à observação de resultados para outro grupo de reformulações que, como se verá nesse capítulo, deve ser contraposto ao grupo que acabamos de descrever.

3.5.2. Ter certeza

A oposição "foco no processo"/"foco no resultado", que acabamos de explicar no item anterior para as reformulações de "asegúrese que sea legal", resultou nos seguintes índices quando aplicada às reformulações de "ter certeza":

	Argentinos	**Brasileiros**
Foco no processo	12 casos 31,58%	25 casos 65,79%
Foco no resultado	31 casos 81,58%	15 casos 39,47%

Tabela 3.2 – Valor aspectual nas reformulações de "ter certeza".
(Alguns respondentes apresentaram mais de uma opção, as cifras indicam em quantos casos se manifestou cada uma das opções, por isso superam o 100%.)

Outro dado que nos pareceu significativo nessas reformulações foi que em sete casos de argentinos e somente em um de brasileiros aparecem formas que fogem da modalização certeza/dúvida para uma perspectiva de conhecimento: "saber", "ter razão" e "estar cientes".

3.5.3. *Tiene nombre y apellido*

Dizer que alguém tem "nombre y apellido" (nome e sobrenome) é destacar sua identidade, e, como personagem "posto em cena" nos termos que explicamos no capítulo 1, dar-lhe um contorno. É dizer que é um e não outrem, o que implica também ser isso para os outros. A reformulação do termo, considerando sua inserção na propaganda dada, poderia focalizar o olhar sobre o traçado do contorno, ou assumir uma perspectiva exterior ao ser, destacando o fato de ele contar com o reconhecimento de outros. O texto, apesar de estar, de certa maneira, orientado para o olhar exterior (começa com "Usted acaba de unir dos empresas" e afirma que "ya conocía nuestro nombre"), fornecia e ativava as duas possibilidades. Classificamos as reformulações em duas variáveis segundo o tipo de orientação, se voltado para uma ou para outra dessas perspectivas. Denominamos a primeira possibilidade como "perspectiva endocêntrica", e a segunda como "perspectiva exocêntrica"[5].

A perspectiva endocêntrica se apresenta, na amostra de argentinos, nos seguintes casos (acrescentamos fundamentação naqueles em que consideramos necessário):

A003	*está nominada*
A004	*tiene marca/identificación*
A005	*ya no es anónima y responde por usted*

Neste caso, como no que lhe segue, ainda que o pronome "usted" introduza o interlocutor, o centro de perspectiva é o "mesmo", e o outro aparece em um lugar não central.

[5] Trata-se de uma transposição marcadamente metafórica de termos empregados na linguística estruturalista, primeiramente por Bloomfield (1933), que denominava de "endocêntricas" as construções sintáticas cuja classe formal é a mesma de uma das suas partes (a que será tida como núcleo da construção) e de "exocêntricas" aquelas que constituíam uma classe diferente da de qualquer um de seus componentes. O ponto de analogia é a qualidade de "mesmo" para o ser representado e para a perspectiva que o põe em cena ou que traça seu contorno.

A008	*nos preocupamos por usted/crecemos para brindarle lo mejor*

Vale acrescentar à fundamentação acima, para este caso, o uso da primeira pessoa do plural.

A010	*posee nueva identificación*
A013	*sólo puede llamarse de una manera/sólo responde a un nombre y apellido*
A014	*se identifica*
A017	*está identificada/posee identidad/está conformada*
A018	*identidad/su propia identidad*
A019	*nació y fue bautizada/denominación propia*
A020	*está identificada*
A022	*completó su nombre/tiene nombre propio*
A023	*tiene una identidad*
A024	*tiene nombre propio*
A025	*tiene personalidad*
A028	*se llama Movicom*
A029	*tiene el nombre de siempre...*
A030	*es conocida por su nombre completo*

Neste caso, cremos que se manifesta juntamente "perspectiva exocêntrica", por isso o incluímos em ambas.

A039	*tiene identidad, integral, es ésta.*
Total	19 casos

Na amostra de respondentes brasileiros, pensamos que manifestam a mesma variável os seguintes casos:

B001	*tiene identidad*
B003	*identidad y descendencia*
B013	*es la más completa*
B017	*tiene nombre completo*
B020	*debidamente identificada*
B028	*está completa/está más importante*

Neste caso também se manifestam ambas as perspectivas. O fragmento "está más importante", reformulação interna, responde à perspectiva exocêntrica.

B033	*es completa*
B037	*tiene identidad*
Total	8 casos

Quanto à perspectiva exocêntrica, vemos, na amostra de argentinos, os seguintes casos que a manifestam:

A001	*nombre ya conocido/renombre*
A008	*confiabilidad*
A011	*es renombre con respaldo*
A012	*reconocimiento de mercado*
A015	*historia y trayectoria que usted conoce*
A021	*prestigio*
A026	*es perfectamente conocida*
A027	*tiene reconocimiento y tradición*
A030	*Es conocida por su nombre completo*
A036	*es renombrada/es conocida por todos*
Total	10 casos

Na amostra brasileira:

B002	*la marca tiene fuerza, conocida*
B005	*es garantizada de buen atendimiento*
B006	*ustedes ya la conocen de antes*
B007	*tiene cómo encontrar/tiene una referienza**
B008	*usted ya la conoce, ya sabe quién es, ahora la conoces mejor*
B009	*tiene nombramiento*

Incluímos este caso por interpretarmos que "nombramiento", possivelmente vinculado a "renombre", adota a perspectiva de quem conhece a empresa.

* Como indicamos no início desta seção, mantivemos a escrita dos que responderam à pesquisa, mesmo com suas inadequações a cada língua.

B010	*tiene dos nombres: el nombre personal, o el nombre que todos conocen, y el nombre de la origen.*
B019	*tiene tradición*

A referência a tradição, que apareceu em mais dois casos de brasileiros, parece-nos poder ser incluída nesta variável pela sua relação com ser conhecido.

B025	*tiene tradición*
B026	*es confiable como una familia*
B028	*está más importante*
B027	*origen conocido*
B032	*es de confianza, que se puede confiar*
B036	*tiene tradición*
B039	*tiene dos nombres de confianza*
Total	15 casos

Houve 37 casos válidos na amostra argentina e 35 na amostra brasileira. Considerando esse total, as porcentagens seriam as seguintes:

	Argentinos		**Brasileiros**	
Perspectiva endocêntrica	19 casos	51,35%	8 casos	22,86%
Perspectiva exocêntrica	10 casos	27,03%	15 casos	42,86%

Ainda há casos que ficaram fora desta classificação. São aqueles em que os respondentes explicaram "nombre y apellido" exclusivamente como resultado de uma união, ou como a garantia ou o "respaldo" que essa união proporciona. Nesse tipo de reformulação, sem referência à identidade do ser nem ao reconhecimento da mesma pelos outros, não entra em jogo a diferença de perspectiva que estamos analisando. Se considerássemos, então, exclusivamente os casos em que a oposição das duas perspectivas teve algum tipo de manifestação, temos 28 casos de argentinos (um deles manifestando as duas) e 23 de brasileiros (também um deles manifestando as duas). Os índices, sobre esses totais, são os seguintes:

	Argentinos		Brasileiros	
Perspectiva endocêntrica	19 casos	67,86%	8 casos	36,36%
Perspectiva exocêntrica	10 casos	35,71%	15 casos	65,21%

Tabela 3.3 – Perspectivas para a delimitação do ser nas reformulações de "tiene nombre y apellido".

Outro resultado que nos parece digno de comentar, e que incluiremos nas reflexões do capítulo seguinte, foi a desigual aparição, nas amostras de argentinos e brasileiros para esta reformulação, de termos na constelação semântica de "origem", "família" e "tradição".

3.5.4. Tudo o que for preciso

O resultado mais significativo nestas reformulações foi a aparição, na amostra de argentinos, de formas verbais que davam lugar à aparição de novas formas pessoais. A construção "ser preciso", semanticamente impessoal e cujo único argumento na formulação original era preenchido pelo genérico "tudo", foi substituída pelos verbos "necessitar" e "precisar" em construções com um argumento [+ humano] explícito ou implícito que atua como sujeito sintático (por exemplo "o que você precisar"). Isso aconteceu em seis casos. Em um sétimo caso, a pessoa é introduzida como beneficiária, com a construção "para você". E em outros três se apresentou uma construção que deixou o processo de construção de uma perspectiva pessoal na metade do caminho: com os mesmos verbos aparece um "se" de leitura impessoal. Cabe esclarecer que uma construção que mantivesse a sintaxe da formulação original, como "todo lo que sea necesario" é inquestionavelmente disponível em espanhol e não causaria qualquer estranheza. O mais significativo é que todos os sete casos de efetiva aparição de um argumento de pessoa, em torno de 20% do total de respondentes, foram na amostra argentina e nenhum na brasileira.

Apresentamos aqui os casos que acabamos de descrever:

Caso A002 "coisas das quais se necessitem"
Caso A009 "o que você precisar"
Caso A012 "tudo aquilo que você pensa que Ø necessita/Ø precisa para melhorar sua vida"
Caso A016 "tudo o que se precise, se necessite"
Caso A019 "o que se requer"

Caso A020	"tudo o que Ø necessite/o que Ø desejar"
Caso A026	"tudo o que Ø necessitar"
Caso A035	"o que Ø necessitar"/"o que Ø precisar"
Caso A038	"tudo o que as pessoas necessitam"
Caso A013	"mais outras coisas para você"

Tabela 3.4 – Transformações de argumentos nas reformulações de "Tudo que for preciso".

3.5.5. Digna

Quase todos os respondentes reformularam "digna" com um ou mais adjetivos ou mediante sintagmas com funcionamento de adjetivo. Em 2002 estabelecemos uma classificação desses termos procurando inseri-los, com a maior exaustividade possível, em três ordens ("o moral", "o justo" e "o econômico"), uma diferenciação que, hoje, nos parece pouco precisa. Em consequência, adotaremos uma categorização que vai numa linha de diferenciação semelhante, mas que não pretende ser exaustiva, entendendo que inevitavelmente algumas respostas ficarão fora dela.

Lembremos: no texto reformulado, "digna" se refere à "vida do povo do nosso Estado". Então, por uma parte, agruparemos reformulações feitas mediante termos que trazem consigo alguma avaliação moral do ser representado (no caso, esse "povo"), e por outra parte, as que se referem ao seu bem-estar.

Temos, assim:

- Avaliação moral: respeitável, honorável, honrada, moral, decente, correta, civilizada, apropriada, merecedora, merecida.
- O bem-estar: cômoda, de boa qualidade, confortável, com melhores condições, sem carências, com comodidade, não passar por dificuldades, próspera, saudável, aprazível, satisfatória.

Houve termos que não incluímos nessa classificação por não se orientarem a nenhuma das duas ordens ("justa", "humana", "fácil") ou por poderem corresponder a qualquer uma das duas ("valiosa", "aceitável", "viável", "valorizada", "elevada", "nobre"). Nos casos em que não apareceram acompanhados de outro item que orientasse sua interpretação para alguma das duas ordens, consideramos o caso como não incluído em nenhuma delas. Como se pode ver na tabela 3.5, a seguir, houve um caso (A021, da amostra argentina) em que apareceram as duas possibilidades, e o consideramos para os dois índices.

Assim apareceram, caso a caso:

AM avaliação moral BE bem-estar	
35 respostas válidas de argentinos	
A001 satisfatória, valiosa, cômoda	BE
A002 boa	
A003 aceitável, respeitável	AM
A004 boa qualidade	BE
A006 confortável	BE
A007 confortável	BE
A008 humana, equitativa, justa	
A009 humana, com melhores condições, com maior qualidade de vida	BE
A010 honorável, boa (melhor)	AM
A011 respeitável	AM
A012 melhor do que a atual	
A013 justa, confortável	BE
A014 valiosa e saudável	BE
A015 com melhores condições	BE
A016 confortável, sem carências	BE
A017 ... de moral, humana	AM
A018 confortável, humana	BE
A019 merecedora de...	AM
A020 valiosa, honrada	AM
A021 confortável, bem merecida	BE/AM
A022 legal, boa	
A023 boa	
A024 respeitável	AM
A025 confortável	BE
A026 respeitável	AM
A027 elevada	
A028 confortável	BE

A029 confortável	BE
A030 honrosa	AM
A032 confortável	BE
A033 de qualidade superior	BE
A034 valiosa	
A035 nobre	
A036 ter outra qualidade de vida	BE
A038 confortável, fácil	BE

33 respostas válidas de brasileiros	
B001 honrada	AM
B002 melhor, mais comodidade	BE
B003 nobre, humana, viável	
B004 melhor, justa	
B005 humana, civilizada	AM
B006 melhor	
B007 cômoda, melhor, não passar por dificuldades	BE
B008 respeitável, mais valorizada	AM
B009 melhor, decente	AM
B010 justa, valorosa	
B011 decente	AM
B012 decente	AM
B013 decente	AM
B014 decente	AM
B015 correta	AM
B017 respeitável	AM
B018 respeitável	AM
B019 apropriada	AM
B020 próspera	BE
B021 fácil, melhor	
B023 aprazível	BE

B024	melhor, mais decente	AM
B026	decente, justa	AM
B027	decente	AM
B028	decente	AM
B029	humana, decente	AM
B030	humana	
B031	decente, correta	AM
B032	fácil	
B033	respeitável, merecida	AM
B034	decente	AM
B035	honrada, decente, apropriada	AM
B037	honrada	AM

Tabela 3.5 – Detalhe e classificação das reformulações de "digna".

	Argentinos (total: 35 casos)	Brasileiros (total: 33 casos)
AM	10 casos 28,57%	22 casos 66,67%
BE	18 casos 51,43%	4 casos 12,12%

Tabela 3.6 – Resumo da tabela 3.5.

3.5.6. *Esfuerzo, solidez, confianza*

O texto em espanhol de propaganda da SOCMA (cf. item 3.4 deste capítulo) foi o único para o qual pedimos um breve desenvolvimento explicativo. De modo geral, como também tínhamos solicitado, a composição das respostas seguiu a sequência de referência aos três tempos que o *slogan* apresentava: passado, presente, futuro. Dos vários resultados que analisamos para essas reformulações na pesquisa concluída em 2002, aqui trabalharemos com quatro indicadores que descrevemos a seguir.

(a) Por um lado, nos fragmentos referidos ao "presente", o termo "solidez" que aparecia no texto ("la solidez del presente") foi substituído por itens lexicais que, de diferentes maneiras, destacam essa qualidade no próprio objeto/empresa, tais como "fuerza", "fuerte", "firmeza", "firme", "pisar firme", "forjar", "irrompible", "pilares", "convicciones" e "objetivos claros". Esse tipo de formas apareceu em 36,84% dos respondentes argentinos e em 5,26% dos brasileiros. A maioria dos brasileiros não reformulou "solidez" ou forneceu derivações que mantinham a base lexical como "base sólida", "todo es sólido" etc. E os que reformularam o termo optaram majoritariamente (uns 35,60% do total das respostas e uns 78,32% dos que não empregaram "solidez" ou seus derivados) por "seguridad" e "garantía", termos que, do nosso ponto de vista, apontam para o efeito que a "solidez" do objeto/ empresa produz em outros.

(b) O texto original era composto de frases nominais, sem qualquer forma pessoal explícita. Em expressiva quantidade de reformulações, foi empregada a 1ª pessoa do plural. Apareceu em 44,74% dos argentinos (dezessete casos) e em 15,79% dos brasileiros (seis casos).

(c) Classificamos diferentes perspectivas pessoais para a reformulação de "la confianza en el futuro". Precisamente pela sua construção mediante frases nominais e pela ausência de qualquer tipo de morfema pessoal, o texto de partida deixa abertas duas leituras para "confianza". Por uma parte, a enumeração conjunta com "esfuerzo" e "solidez" abre caminho para interpretar que quem "confia" é o mesmo que se esforçou e que hoje é "sólido"; isto é, a empresa/"nosotros". Mas o *slogan* "empresas para la gente"[6], no final do texto, permite mudar a perspectiva: as pessoas confiam, SOCMA é confiável. Encontramos três variáveis para classificar as reformulações neste aspecto:

 (1) Perspectiva não determinada: corresponde às reformulações em que não há indicadores nítidos de uma ou de outra perspectiva. O modelo do texto original entraria nesta variável, que foi a mais seguida pelos respondentes, aparecendo em 44,74% de argentinos e em 47,36% de brasileiros.

 (2) Perspectiva endocêntrica: corresponde aos casos em que a mesma instância pessoal que se esforçou ou é sólida é o sujeito da confiança (ou de suas reformulações) no futuro. Esse "mesmo" pode ser, segundo a configuração enunciativa em cada caso, "nosotros", "SOCMA", "uno que trabajó...", "la empresa" etc. Isto é, não há mudança de perspectiva e há indicadores claros de que a mesma é mantida. Exemplos:

6 Em espanhol, o generalizador "la gente" geralmente tem, um alcance que não focaliza o locutor, aproximadamente como em português "as pessoas" ou ainda "os outros".

A003	*Sosteniendo el esfuerzo del pasado para consolidar el presente nos proyectamos con fe en el futuro.*
A023	*Se trata de una empresa que ha invertido su esfuerzo en el pasado, que apuesta a la solidez y a la estabilidad del presente y que confiará en lo que va a venir.*
A002	*El empeño del pasado trae la firmeza del presente y traerá la tranquilidad en el futuro.*

Neste caso, é a palavra "tranquilidad" que nos indica que a perspectiva se mantém. Enquanto "confianza" pode ser própria ou de outros, "tranquilidad" é uma percepção do próprio ser.

B014	*El esfuerzo hecho en el pasado trajo la solidez que tiene en el presente, por eso confían en el suceso del futuro.*
B030	*En el pasado está nuestra pelea, en el presente está todo lo que fue construido y en el futuro está sólo nuestros sueños.*
B018	*En el pasado las cosas eran más difíciles, uno había que trabajar más, en presente hay más comodidad y en el futuro la esperanza de coger todos los frutos.*

Esta variável apareceu em 42,10% de argentinos e em 26,31% de brasileiros.

(3) Perspectiva exocêntrica: corresponde aos casos opostos à variável anterior, em que aparece um indicador de mudança de perspectiva para "a confiança" ou para suas reformulações, isto é, uma representação na qual quem confia, é outro. Exemplos:

A011	*Hace años realizamos un gran esfuerzo que hoy nos depara una gran solidez por eso para el futuro confíe en nosotros.*
B004	*Lo que se logró con mucho trabajo fue una gran seguridad, la cual nos convirtió en sinónimo de confiabilidad.*

Em geral, consideramos as palavras "confiable" e "confiabilidad" como indicadoras de uma perspectiva exterior.

B012	*Se trata de una empresa que se ha esforzado para garantizar un nombre sólido en el mercado, y en quien las personas tendrán confianza.*

Esta variável apareceu em 13,16% de argentinos e em 26, 31% de brasileiros.

A tabela seguinte resume esses resultados:

	Argentinos		Brasileiros	
Perspectiva não determinada	44,74 %	17 casos	47,36 %	18 casos
Perspectiva endocêntrica	42,10 %	16 casos	26,31 %	10 casos
Perspectiva exocêntrica	13,16 %	5 casos	26,31 %	10 casos

Tabela 3.7 - Perspectiva pessoal nas reformulações de "la confianza en el futuro".

(d) Nem todos os respondentes reformularam o termo "confianza". Muitos o mantiveram nas respostas, ou mantiveram sua base lexical em unidades como "confiar", "confiable" ou "confiabilidad". Encontramos 21 argentinos e dezessete brasileiros em que uma parte da reformulação se refere nitidamente a "confiança" com palavras de outra base lexical. Dos dezessete brasileiros, onze reformularam com unidades que expressam certeza ("seguridad", "saber", "certitude", "no preocupación", "garantía", "tranquilidad"). Nos argentinos, isso aconteceu somente em sete dos 21 casos. O resto, em cada amostra, reformulou "confianza" com unidades que expressam "possibilidad" ("esperanza", "fe", "creencia", "crediblidad", "sueños", "promisorio", "visión positiva", "construcción"). Resumindo:

	Argentinos (total: 21 casos)		Brasileiros (total: 17 casos)	
Possibilidade	66,67 %	14 casos	35,29 %	6 casos
Certeza	33,33 %	7 casos	64,70 %	11 casos

Tabela 3.8 - Possibilidade e certeza nas reformulações de "confianza".

Apresentamos, no início deste capítulo, o modo como os conceitos de "paráfrase" e "ressonância de significação" se integram ao nosso referencial teórico. Depois, descrevemos os procedimentos aplicados na pesquisa terminada em 2002 e explicamos os resultados que embasaram a análise comparativa em torno das nossas hipóteses sobre tendências nas discursividades brasileiras e argentinas. No desenvolvimento do capítulo, explicitamos também alguns dos deslocamentos teóricos e metodológicos que modificaram parcialmente nosso olhar sobre esses resultados. O capítulo seguinte será dedicado a sua interpretação, incorporando, também, reflexões que em 2002 não tínhamos, ainda, condições de realizar.

CAPÍTULO QUATRO

PESSOA, CONTORNOS, DESIGUALDADE

4.1. Baixou/*Le salió*

Antes de entrar de cheio nas análises deste capítulo, refletiremos sobre duas construções cristalizadas no português brasileiro e no espanhol da Argentina. A contraposição das suas propriedades sintático-semânticas e, talvez mais ainda, o estranhamento que motiva esse contraponto são boa introdução para o percurso que realizaremos.

Aconteceu comigo algumas vezes, na convivência com amigos brasileiros durante os já quase vinte anos que levo neste país, que diante de alguma atitude ou resposta minha que desnorteia, surja algum comentário – geralmente amável – sobre minha origem argentina. Uma das formas que essa observação ganha é uma construção como "baixou o argentino" ou "baixou o portenho nele" (embora eu não seja de Buenos Aires). E, quando tento pensar uma expressão do tipo no espanhol, aparece algo como "me salió el argentino". Com efeito, expressões com o verbo "salir" e um pronome dativo (no caso, "me") constroem, no espanhol, uma representação análoga: "Me salió el salvaje de adentro y me enfurecí", "le salió el moralista y se puso a reprendernos". Não raras vezes, elas veiculam estereótipos sobre antigas origens migratórias: "Me salió la tana[1] y entré a despotricar", "le salió el turco", "mirá que me sale el vasco" e muitas outras, mas podem aludir a qualquer outro tipo de identificação, como nos exemplos anteriores. Construção de grande produtividade na Argentina (embora exista em outros países onde se fala espanhol), o antropólogo Rodolfo Kusch a empregou como pivô ("Le salió el índio") para um dos ensaios onde comparou a representação do sagrado na vida urbana e rural[2].

Nessas formas, como em "baixou a Dita nela" ou "baixou o bicho-carpinteiro e fui consertar tudo que precisava em casa", alguém aparece como "pego" por uma identidade que brota de modo relativamente inesperado. Para indagar a semântica dessas construções, vamos nos valer de alguns conceitos da teoria dos papéis temáticos. Nem nas formulações em português nem nas do espanhol, o ser afetado apresenta a propriedade semântica de "controle" (Cançado, 2003). Por isso, podemos identificar essas construções como "inacusativas" ou "ergativas" (Mendikoetxea, 1999), formas intransitivas que não permitem conceber um agente para o processo que descrevem. No caso, o ser experimenta uma mudança e a identidade advinda ocorre como impulsionada por algum tipo de força que também não é exatamente controlada, embora nas construções do português brasileiro posa ser vista como "desencadeadora" (Cançado, 2003) dessa força. Como em muitas outras inacusativas com verbos que significam aparição, aquilo que "aparece", que pode ser visto como sujeito sintático, vai geralmente depois do verbo ("baixou *a Dita*", "que no te salga *el loquito*").

Por sofrer um deslocamento, essa entidade que "baixa" ou "sale" pode corresponder ao que as teorias sobre papéis temáticos consideram como "tema". O que seria, então, o ser que em espanhol representamos com o dativo? Cremos que é o que Mendikoetxea (1999: 1607-1608) considera como "argumento locativo", próprio das construções

1 Na Argentina e no Uruguai, denominação coloquial empregada para "italiano(a)". É uma forma reduzida de "napolitano".

2 Kusch ([1966] 2012).

inacusativas de aparição ou de existência[3]. No português brasileiro (PB), pode estar implícito, pode ser preenchido por uma construção preposicional ou ainda por um dativo. Em espanhol (E), em compensação, é sempre preenchido pelo dativo, que pode ser ainda reforçado por formas referidas a um espaço "interior" do ser. Observemos, então:

(1) (No chefe) baixou o bicho-papão e (ele) não nos deixou em paz.

(2) (Me) baixou (em mim) o bicho jornalista e fui dar uma pesquisada.

(3) *Me salió el ogro (de adentro) y me puse más exigente.*

(4) # *Salió el ogro (de adentro) y me puse más exigente.*

Em casos como (1), ou o chefe foi mencionado anteriormente ou é informação recuperável no contexto situacional. Apesar de poder não aparecer na expressão, ela conserva seu valor, por isso o deixamos entre parênteses. Em (2), o pronome é prescindível. Em contraponto, em espanhol, a diferença entre (3) e (4) traz consigo efeitos sensíveis, que mostram que o pronome (no caso, "me") é imprescindível. Com efeito, (4) produziria um ruído, um questionamento sobre o "ogro", que não se daria em (3). A forma pessoal não parece dispensável no E, enquanto no PB não apenas pode faltar, como a mesma construção pode direcionar-se para cenas nas quais esse participante seria fortemente impreciso, com indistinção de contornos, como neste caso que retiramos da mídia:

(5) Baixou um clima de fim do mundo depois da revisão da meta de superávit primário[4].

Essa necessidade de presença da forma pessoal de dativo, sem a qual a construção não se configura em espanhol, é complementada com outra diferença crucial: o lugar que essa entidade tem no deslocamento representado na cena. Enquanto no PB ela é **o alvo gradativamente impreciso** da "descida" da entidade advinda, no E ela é **ponto de partida e de chegada**, fortemente **definido**, da sua irrupção[5].

Ampliando a observação, podemos encontrar filiações em tradições discursivas: com formas de discurso religioso em um caso e, no

---

[3] Vale esclarecer que essa terminologia empregada por Mendikoetxea não corresponde exatamente ao que outros estudos denominam como "locativo", já que pode ser o lugar de um movimento, não apenas de um estado, e por isso é utilizada para expressões de aparição, como as que estamos abordando..

[4] Da coluna "Reação exagerada?", de José Paulo Kupfer, em *O Estado de S. Paulo*, 25/7/2015, http://economia.estadao.com.br/noticias/geral,reacao-exagerada,1733039; acesso em 30/01/2017.

[5] Inclusive, sua posição inicial na sintaxe faz com que cumpra a função de "foco apresentacional" que Mendikoetxea (1999: 1612) atribui ao argumento locativo topicalizado: servir de "cena" para o referente posterior.

outro, com o antigo tópico da natureza oculta e do duplo. Para nossos objetivos, e retomando a conceitualização que desenvolvemos no capítulo 1, interessa muito mais chamar a atenção para o fato de se tratar da representação de um **conflito**. Conflito entre saberes e expectativas na cena representada, na qual alguma coisa muda dando lugar ao início de outra. Também um lugar de possível percepção de pré-construídos, já que há uma fresta para o interdiscurso: o que é que sustenta a "normalidade" interrompida? E, de modo muito mais evidente na expressão em espanhol, conflito na delimitação das entidades pessoais como objeto de discurso.

São formas cristalizadas na língua. Mas, como todas, resultam do que os processos discursivos foram destacando, porque nem em espanhol está ausente a possibilidade de compor a imagem com "bajar" nem em português brasileiro com "sair", e os tópicos culturais que mencionamos estão completamente disponíveis para os falantes de ambas as línguas.

A capacidade que o linguístico tem para desenhar e sobrepor de diversos modos os contornos das entidades representadas mostra aí duas configurações diferentes. O contraste entre elas parece sintetizar, em formas cristalizadas nas línguas (arranjos léxico-sintáticos relacionados a algumas categorias semânticas relativamente formalizáveis), tendências que observamos na ordem do discurso (com uma representação de sua regularidade ainda mais hipotética do que a da forma linguística). O que no capítulo anterior começamos a opor como perspectivas "endocêntrica" e "exocêntrica", como boa parte do que desenvolveremos neste e no próximo capítulo sobre a delimitação de contornos para as entidades pessoais encontra, nesses fragmentos comparáveis, uma condensação formal emblemática.

4.2. Retomando o percurso

No livro publicado em 2002, iniciamos o capítulo que corresponderia a este, de discussão dos resultados, colocando como epígrafe um fragmento em que Pêcheux ([1983] 2007: 54-55) contesta um provérbio chinês que diria algo como: "Quando lhe mostramos a lua, o tonto olha o dedo". E Pêcheux questionava precisamente por que não olhar "o dedo". Por que não dar atenção aos gestos de designação e não ao que eles designam, por que não pousar o olhar "sobre os procedimentos de montagem e sobre as construções em vez das significações?".

Apesar dos inevitáveis deslocamentos ocorridos ao longo dos treze anos que nos separam daquela escrita, continuamos resgatando essa prioridade na hora de avaliar o que os dados que apresentamos no capítulo anterior têm para mostrar.

Observaremos variáveis muito mais próximas da "percepção de diferença" que mencionamos no item anterior ao comentar a convivência entre brasileiros e argentinos do que das preocupações com a "intercompreensão" que, como mostramos no capítulo 2, têm orientado boa parte da reflexão sobre línguas próximas. Rara vez o tipo de fenômenos aqui observados afeta, pelo menos isoladamente, o plano informativo da comunicação entre falantes das duas línguas. E, sobretudo, elas contrapõem fenômenos de uma maneira ou de outra existentes nas duas discursividades, embora com uma frequência e uma funcionalidade muito díspares. Exporemos diferenças que, dentre outras que aqui não poderíamos abarcar nem temos pesquisado, modulam nossos falares em tonalidades do sentido que não são nunca absolutas, mas que constroem uma percepção de diferença que, contraditoriamente, possibilita o reconhecimento.

Encontraremos contraposições, algumas delas de alta expressão quantitativa nas amostras, mas com efeitos sutis na produção de sentido, quase silenciosos. Outras de menor expressão quantitativa, mas cuja diferença na cena enunciativa é muito mais nítida; por momentos, estridente. Todas e cada uma delas significam alguma coisa. E em última instância, ao expô-las na materialidade, permitimos outras montagens, outras explicações.

Boa parte do que segue neste capítulo aparecia, em um ordenamento diferente, no livro de 2002, mas haverá aqui intervenções interpretativas novas, e explicitaremos os casos em que elas se afastem significativamente da nossa leitura anterior. Traremos, ainda, uma reflexão sobre dados e uma pesquisa de Serrani (1994) que não estava presente naquela publicação. Organizaremos a discussão dos dados começando pelo mais específico em torno dos espaços da pessoa, para ir integrando, gradativamente, a problemática da certeza-possibilidade que, como já explicamos no capítulo 3, hoje consideramos um desdobramento da primeira. A última das análises será a das reformulações do termo "digna", que permitirá a passagem para as problemáticas da implantação sócio-histórica do discurso que trataremos principalmente no capítulo seguinte.

4.3. Chamar-se ou ser chamado?

Em um dos pedidos de reformulação da amostra, os respondentes tiveram de "definir" um processo de denominação que se apresentou congelado em um presente de 3ª pessoa: *"Tiene nombre y apellido"*. Com efeito, o anúncio da união das duas empresas de telefonia apresentava essa denominação como dada, como resultado efetivo. Ao pedirmos a reformulação, abríamos a possibilidade de se expressarem os dois procedimentos mencionados, mediante as perspectivas que, no capítulo anterior, definimos como "endocêntrica" e "exocêntrica". Explicamos ali que a primeira correspondia àquelas reformulações que destacavam a identidade e a segunda, às que assumiam um ponto de vista exterior salientando o ser "muito conhecido". Os resultados, conforme a tabela 3.3, que aqui reproduzimos, foram:

	Argentinos		Brasileiros	
Perspectiva endocêntrica	19 casos	67,86%	8 casos	36,36%
Perspectiva exocêntrica	10 casos	35,71%	15 casos	65,21%

O predomínio de cada perspectiva em cada grupo nacional não é somente quantitativo. A leitura de algumas das respostas, que reproduziremos a seguir, mostra como cada perspectiva se reforça, se autoexplica e volta-se sobre si mesma:

A013 *sólo puede llamarse de una manera/sólo responde a un nombre y apellido*
A018 *identidad/su propia identidad*
A025 *tiene personalidad*
A039 *tiene identidad, integral, es ésta*

Observe-se a modalização fortemente restritiva no caso A013 e a insistência demarcatória em A039 com o pronome demonstrativo. A reformulação interna em A018 sugere retoricamente uma interrogação: o que é que intenta diferenciar a especificação "propia" nessa reformulação? Parece agir um pré-construído sobre a necessidade de contrapor identidades que surgissem de outra perspectiva. Em A025, "personalidad" relaciona "nombre y apellido" ao conjunto do caráter individual. E houve outros "reforços": "Propio/a" (casos A019 e A024), "nombre de siempre" (A029), "no es anónima" (A005).

Compare-se com este enunciado da amostra brasileira:

B010	*tiene dos nombres: el nombre personal, o el que todos conocen, y el nombre de la origen*

A reformulação interna (*nombre personal/el que todos conocen*) mostra uma representação do que é "personal" como percepção dos outros.

Outro dado ilustrativo é o que podemos observar, em ambas as amostras, nas menções específicas do interlocutor ("usted" e pronomes relacionados). Comecemos observando como esse interlocutor está "encenado" no texto de Movicom-Bellsouth. "Usted" aparece como responsável e beneficiário pela união dos dois nomes – empresas: "Usted acaba de unir dos empresas para formar su nueva compañía de telecomunicaciones". "Usted" também é quem "conhece". Tendo em conta que pedíamos para reformular a unidade "tiene nombre y apellido", que não faz referência direta ao interlocutor, era esperável que a retomada desse "usted" nas reformulações fosse pouco frequente. Efetivamente, apareceu somente em três casos de argentinos e dois de brasileiros:

A005	*ya no es anónima y responde por usted*
A008	*nos preocupamos por usted. Crecemos para brindarle lo mejor*
A015	*historia y trayectoria que usted conoce*
B006	*ustedes ya la conocen de antes*
B008	*usted ya la conoce ... ya lo sabe quién es, ahora la conoces mejor*

Porém, há uma importante diferença no modo como essa representação do interlocutor se articula. Nos casos brasileiros (B006 e B008), "usted" é o tópico e o detentor do conhecimento. enquanto o ser que está sendo delimitado (o nome/empresa, que é também o locutor) aparece como objeto desse conhecimento (e também, sintaticamente, como objeto em uma posição sem saliência). Diferentemente, em dois dos casos argentinos (A005 e A008), o lugar proeminente do ser em questão se mantém, e "usted" é apenas beneficiário. E no outro (A015), que corresponde à perspectiva exocêntrica, embora lhe seja atribuído o saber, sua aparição se dá mediante um procedimento de encaixe, que preserva o lugar central para o mesmo ser do qual se trata.

Esses resultados começam a mostrar algumas tendências diferenciadas que, como veremos, reaparecerão em outras contraposições. Por uma parte, a que predominou nas respostas dos brasileiros: uma delimitação do ser **a partir de seus vínculos**, no caso, **do reconhecimento exterior**. Por outra parte, a que predominou nas respostas dos argentinos, uma delimitação do ser **a partir da reafirmação de si**, o que leva para um gesto enunciativo complementar, visível nos casos que destacamos no início deste item: uma operação sobre o contorno do ser que denominaremos "sobredemarcação" e sobre a qual voltaremos em outras análises[6].

Os resultados desta reformulação disseram também algo sobre semantismos que entraram em jogo no processo parafrástico e que não se enquadram na oposição "endo/exo" no que tange à delimitação dos seres, mas sim a sentidos com os quais "nombre y apelido" parece ter sido relacionado. O termo "família", em respostas como "se convirtió en una familia" ou "ahora es una familia" apareceu em cinco respostas de brasileiros e somente em uma de argentinos. "Origem", em quatro de brasileiros e em nenhuma de argentinos. "Tradição" que atribuímos à perspectiva exocêntrica porque implica conhecimento de outros, em três casos de respondentes brasileiros e um de argentinos. Nos argentinos apareceram, ainda, duas reformulações em que essa ordem de sentidos é trazida de forma irônica: "Rancio abolengo" e "estirpe".

Considerando que se trata da reformulação de fragmentos de um texto sobre empresas bem-sucedidas dirigindo-se a seus clientes, pensamos se tratar de um dado que deve ser integrado à leitura que fazemos de como as diferentes tendências para a delimitação de entidades pessoais podem ser relacionadas ao modo como se processa a desigualdade do espaço social em cada país. Retomaremos esses resultados no capítulo 5.

Pudemos observar as mesmas perspectivas endocêntrica e exocêntrica, nas reformulações de "la confianza en el futuro" no item 3.5.6 do capítulo anterior, conforme a tabela 3.7, que aqui reproduzimos:

---

[6] O termo "sobredemarcação" para denominar esses processos não foi empregado na pesquisa que concluímos em 2002 nem no comentário destes e de outros casos no livro publicado naquele ano. Ele resulta de análises posteriores em outras pesquisas comparativas que realizamos sobre discursos argentinos e brasileiros, e que relataremos no capítulo seguinte. Nossa primeira utilização do termo foi em um artigo que mencionamos no capítulo 1, em que analisávamos a transposição de composições musicais de um país para o outro (Fanjul, 2013).

	Argentinos		Brasileiros	
Perspectiva não determinada	44,74%	17 casos	47,36%	18 casos
Perspectiva endocêntrica	42,10%	16 casos	26,31%	10 casos
Perspectiva exocêntrica	13,16%	5 casos	26,31%	10 casos

A propaganda da SOCMA era muito menos "convidativa" para a perspectiva exocêntrica do que a propaganda da Movicom-Bellsouth. Não havia referência ao interlocutor, e o único indício de uma possível interpretação exocêntrica de "confianza" era a frase "empresas para la gente", afastada do centro do texto. Como no caso anterior, também é pertinente observar aqui, além dos índices, algumas diferenças qualitativas. Das cinco reformulações de argentinos que expressaram a perspectiva exocêntrica, duas acabam "quebrando" essa perspectiva, trazendo as pessoas "confiantes" (os outros) novamente para o domínio do "mesmo". Com efeito, nos casos A030 e A032, esses "outros" são denominados, respectivamente, como "adeptos" a serem "captados" (*que le permita obtener futuramente muchos adeptos*) e como "sus adherentes", em que "sus" é referido ao "mesmo" ("la compañía SOCMA", nessa reformulação). Essa "restauração" da perspectiva endocêntrica não acontece em nenhum dos dez casos da amostra brasileira. Pelo contrário, em seis deles são explicitados experimentadores coletivos da "confiança" (mediante formas generalizadoras como "la gente", "uno", "las personas", "todos"), que parecem parafrasear o segmento "empresas para la gente", que no texto estava afastado do núcleo em reformulação. Somente em um caso da amostra argentina se registrou um complemento desse tipo.

4.4. Relendo Silvana Serrani

Pensar em comparações, no plano discursivo, entre enunciações em português brasileiro e espanhol remete ineludivelmente àquele que foi um trabalho pioneiro, tanto pelos conteúdos que abordou quanto pelos caminhos que abriu: a pesquisa sobre modos de enunciar a recusa, publicada por Silvana Serrani (1994). Já na época em que fizemos nossa primeira investigação, a leitura desse trabalho foi uma forte influência. No contexto de discussões daquele tempo sobre as "idiossincrasias" que diferenciariam brasileiros de argentinos, diante da imprecisão com que apareciam as atribuições à "cultura" ou a uma "identidade cultural" não descritível, os dados de Serrani pareciam materializar o que todos queriam de algum modo explicar, e não encontravam como. Esses dados e, sobretudo, a reflexão que a autora fazia sobre eles tiravam as diferenças do plano do estereótipo, situando-as em indicadores legíveis na materialidade discursiva.

Não apenas nos entusiasmou essa possibilidade de observar o estranhamento no discurso, ainda mais em uma pesquisa experimental, como também algumas observações que a autora fazia sobre como construíra suas hipóteses, em uma retrospectiva com a qual nos identificávamos:

> Ao longo de meus quinze anos de imersão na cultura brasileira paulista fui levantando, no começo de modo ocasional e, depois, sistematicamente, exemplos de microcenas nas quais "me soavam" estranhas as estratégias argumentativas (Serrani, 1994: 80).

Esse "soar estranho" era exatamente o que acontecia conosco em relação ao que percebíamos como modos diferentes de inserir a pessoa e os vínculos no discurso, tanto em situações de interlocução direta das quais participávamos ou que presenciávamos, quanto em diversos produtos da cultura de massa e ainda em rituais institucionais. Percebíamos, em enunciações brasileiras, que a preservação dos espaços pessoais, cuja categorização como problema teórico ainda não conseguíamos realizar nos termos que desenvolvemos no capítulo 1, se regulava num jogo de relativa indiferenciação imaginária na construção da cena. Diferentemente, observando a fala dos argentinos, nos parecia que essa mesma preservação envolvia a explicitação, atingindo momentos de quase *non sense* como os que no item anterior denominamos "sobredemarcação", do alcance imaginário dos participantes da cena.

O desenvolvimento posterior da nossa pesquisa foi nos fazendo atingir a possibilidade de uma descrição sempre hipotética, mas baseada em regularidades observáveis. Nesse caminho, nosso diálogo com o estudo de Serrani passou mais pela indagação das modalizações de possibilidade e certeza. Porém, nesta oportunidade, nos referiremos àquele trabalho a partir da problemática das instâncias de pessoa.

A experimentação realizada por Serrani consistiu em propor uma suposta situação, na qual um funcionário demitido de uma empresa por receber propinas solicitava à mesma empresa uma carta de recomendação para outro emprego. Na situação imaginada, o diretor de recursos humanos decidia não outorgar a carta, e pedia ao seu secretário que transmitisse a negativa ao solicitante. Os respondentes da pesquisa, em duas amostras comparadas de brasileiros e rio-pratenses (uruguaios e argentinos), deviam escrever o que imaginavam que o diretor de RH tivesse dito a seu secretário sobre como comunicar a recusa. Os resultados mostraram interessantes diferenças (nunca absolutas, mas com claros predomínios) relativas à modalização de possibilidade/capacidade, ao emprego de formas amenizadoras, expressões de indignação e diferentes modos de vinculação (causal, temporal) ou de desvinculação entre a recusa e o acontecimento que a motivava. As diferenças levaram a autora a propor o predomínio, na discursividade dos brasileiros, de modos de dizer[7] que denominou "de transição", cuja forma mais marcada é essa última desvinculação que mencionamos, e, nos argentinos, o predomínio de modos de dizer "de ab-rupção".

Observando hoje os exemplos que a autora transcreveu no artigo, retirados das respostas dos sujeitos da sua pesquisa, há fenômenos comparáveis que nos chamam a atenção pelo modo como situam a personagem em cena. Não damos a esta observação, obviamente, o *status* de um resultado de pesquisa, já que não a fazemos a partir da amostra completa, mas apenas dos exemplos transcritos pela autora.

Serrani (1994: 85-86) traz vários exemplos de expressões de indignação que incluem termos de desqualificação moral. Os transcrevemos com a numeração empregada pela autora, entre colchetes [ ] para que não se confunda com outras numerações que empregamos. Os grifos são nossos:

[8] Dígale al Sr. X **que sea menos sinverguenza**, que no fastidie solicitando cartas que no se le pueden dar ahora, pues su desempeño fue deficiente.
[8 – otro] Dígale **al infeliz ese** que no moleste.
[9] Comentaría acerca de **lo caradura que es** el ex empleado.
[10] Después de lo que hizo **ese ladrón** no quiero ni escuchar su nombre.

Nas formulações em português, não faltaram termos de avaliação fortemente negativa:

[7] No capítulo 3, ao explicar a noção de "ressonância" especificamos o alcance dessa categoria nos trabalhos de Serrani.

[3] Não podemos dar a **uma pessoa desonesta como ele** uma carta de recomendação. O nome da empresa não pode ser posto em jogo, dando aval a pessoas de mau-caráter.
[4] Imagine se isso de alguma forma é divulgado: "**Funcionário demitido por recebimento de propinas** recebe carta de recomendação".
[13] **Uma comprovada atitude como a que ele teve desabona** qualquer profissional.

Notem-se, no entanto, os diferentes modos como se constrói a atribuição de qualidades desmoralizantes. Em espanhol, temos duas predicações simples com verbo "ser" (uma delas pseudoclivada, com um "lo" de realce[8]) e duas substantivações do adjetivo ("el infeliz ese", "ese ladrón"), todas formas que conservam a máxima especificidade e apontamento definido do referente. Nas respostas de brasileiros, vemos diferentes recursos que fazem uma passagem intermediária por uma instância mais genérica. Em [3], uma construção comparativa em que o ser é introduzido como componente de um conjunto maior, o das pessoas "desonestas", mero complemento do sintagma topicalizado ("Uma pessoa desonesta"). Em [13], um procedimento semelhante, e ainda referido à atitude e, só por meio dela, ao ser. Em [4], uma denominação não definida (a ausência de determinante em "funcionário demitido por recebimento de propina" nos permite essa leitura) posta como palavra de um suposto meio de comunicação de massa trazido para a cenografia enunciativa.

Em um trabalho posterior em que retoma a mesma classificação de modos de dizer, Serrani (2001: 48) propõe que nas enunciações de "ab-rupção" se constrói uma representação de proximidade entre os protagonistas e o objeto de discurso, enquanto nas enunciações de "transição" se produz uma representação de distância. Perguntamo-nos se, considerando que o objeto de discurso seja a pessoa, essa representação de proximidade não é concomitante com o reforço do contorno que o delimita dos outros objetos e seres da cena, como temos observado nos resultados das nossas pesquisas.

8 O valor dessa construção com a partícula neutra é próximo de uma exclamativa indireta: "como ele é cara-de-pau".

4.5. Contornos acrescentados

Retomaremos agora o resultado visto na tabela 3.4 do capítulo anterior, sobre as reformulações de "tudo o que for preciso"[9]. Os respondentes argentinos que acrescentaram esse lugar argumentativo agregaram, com ele, um espaço de pessoa, cancelando assim uma sugestiva ambiguidade na representação do interlocutor no texto original. Lembremos do breve texto da propaganda:

> Quando você tenta a sorte em um jogo da LOTERJ, mais de 13 milhões de pessoas saem ganhando. É que a renda obtida com a Raspadinha, o Toto Bola e os bingos autorizados pela LOTERJ é revertida para a Vida Obra Social do Governo do Estado do Rio de Janeiro. O prêmio pode sair na forma de ambulâncias, casas populares e tudo que for preciso para tornar melhor e mais digna a vida do povo do nosso Estado.
> LOTERJ. Sorte de quem mora aqui.

Para quem aponta esse "você"? Em uma leitura meramente referencial, ele está incluído nos "mais de 13 milhões de pessoas" e "no povo do nosso Estado". Mas na construção argumentativa do texto, ele não apenas se diferencia dos "milhões" pelo paralelismo sintático da primeira oração, como também é interlocutor direto e privilegiado do "Governo", ao qual se junta para ajudar os necessitados, que precisam de uma vida "melhor e mais digna".

Assim, os acréscimos de um lugar argumental atribuível ao interlocutor acabam colocando-o no lugar da necessidade: "Ambulâncias, casas populares e tudo o que (você) necessitar". Também operam uma separação entre esse que "precisa" e aquele que pode "tornar" melhor a vida do povo: o governo. Lembremos os casos desse fenômeno, que aconteceu apenas na amostra argentina:

A009	o que você precisar
A012	tudo aquilo que você pensa que Ø necessita/Ø precisa para melhorar sua vida
A020	tudo o que Ø necessite/o que Ø desejar
A026	tudo o que Ø necessitar
A035	o que Ø necessitar/o que Ø precisar
A013	mais outras coisas para você

[9] A leitura que fazemos deste resultado é diferente da que produzimos em 2002.

Houve, ainda, o caso A038, também da amostra argentina, que, mediante o mesmo acréscimo de lugar argumental de pessoa, direcionou a cena em outro sentido: reforçando a separação entre "você" e o povo mediante a reformulação "tudo que as pessoas necessitam". Embora em uma direção diferente, foi, como os outros, um gesto de demarcação de espaços.

Houve um outro pedido de reformulação na mesma pesquisa em que algo foi modificado quanto aos lugares argumentais, mas em sentido inverso. Para a propaganda sobre compra de *software* ilegal, além do segmento "Asegúrese que sea legal", pedimos uma equivalência para "Cuidate" no segmento "Cuidate de las PC nuevas com *software* ilegal instalado". A porcentagem de brasileiros que forneceram reformulações sem nenhum morfema pessoal, como "atención" ou "ojo", acrescentando genericidade ao interlocutor foi de 22,86%, enquanto a de argentinos foi de apenas 2,63% (um caso).

Um fenômeno análogo foi o que observamos nas reformulações da propaganda da SOCMA no capítulo anterior, item 3.5.6, subitem (b). Informamos ali que a utilização da 1ª pessoa do plural na reformulação do texto ocorreu em 44,74% dos argentinos e em 15,79% dos brasileiros. Cabe lembrar que o texto não inclui esse locutor em 1ª pessoa. E para uma adequada avaliação desses índices, deve ser levada em conta uma seleção enunciativa **prévia** que explicaremos a seguir.

Os respondentes de ambos os países, em geral, identificaram um locutor na cena enunciativa do texto: a empresa SOCMA. A partir disso, para parafrasear o texto, tinham duas possibilidades principais. A primeira era o discurso referido: construir uma configuração enunciativa em que se explicitasse **um lugar exterior a respeito do locutor da propaganda**, por meio de introdutores como "SOCMA quiere comunicar que..." (caso A017) ou "Este fragmento nos dice que..." (caso B015), ou do uso de um discurso indireto sem introdutor, como "Ellos (los de SOCMA) ya se esforzaron mucho..." (B008) ou "Todo lo que hizo la empresa la tornó más sólida y uno puede confiar en ella cuando solicite su producto..." (B024). A quantidade de respondentes que selecionaram esse modo de enunciação exterior é bastante equilibrada entre ambas as amostras: quinze nos argentinos (39,47%) e dezessete nos brasileiros (44,74%). A segunda possibilidade era uma paráfrase apresentada como se fosse produzida **a partir da mesma voz**. Dentro dela podia assumir-se ou não uma 1ª pessoa. Temos, então, os seguintes índices para a primeira oposição:

	Argentinos		Brasileiros	
Voz exterior ao locutor	15 casos	39,47%	17 casos	44,74%
Mesma voz do locutor	23 casos	60,53%	21 casos	55,26%

Dentro da "mesma voz do locutor", encontramos os casos de 1ª pessoa do plural. E o que aconteceu com o resto? Aparece o que Guimarães (2005: 25) denomina como "enunciador genérico", isto é, "um *todos* que se apresenta como diluído em uma indefinição de fronteiras para o conjunto desse *todos*". O resultado é um tom proverbial, como podemos apreciar nestes casos:

A002 El empeño del pasado trae la firmeza al presente y traerá la tranquilidad al futuro.
A004 Las fuerzas del pasado, la estabilidad del presente y la seguridad en el futuro.
A028 El trabajo del pasado, la seguridad del presente, la tranquilidad sobre el futuro.
B001 El pasado se fue, el presente es y el futuro queda.
B009 Lo que ocurre en el pasado refleja en el presente y en el futuro.
B020 Casi siempre uno que se haya esforzado en el pasado tiene un presente sólido y se siente confiante con respecto al futuro.

Tomando, então, como totalidade os que colocaram uma voz diferente da do locutor, a diferença entre as amostras fica assim ponderada[10]:

	Argentinos (total: 23 casos)		Brasileiros (total: 21 casos)	
1ª pessoa plural	17 casos	73,91%	6 casos	28,57%
Enunciador genérico	6 casos	26,09%	15 casos	71,43%

Tabela 4.1 – Delimitação da "mesma voz" nas reformulações da propaganda de SOCMA.

No final deste capítulo e no próximo retomaremos este caso específico, de forte expressão quantitativa, para integrá-lo à reflexão de como as tendências encontradas na discursividade se relacionam com modos de representar a desigualdade social. Encerramos agora este item destacando que, nos três resultados que abordamos neste ponto,

[10] Não fizemos esta ponderação no livro de 2002, por não perceber, naquele momento, a relevância do enunciador genérico para a análise geral.

que não causalmente denominamos "contornos acrescentados", os respondentes trabalharam a partir de textos propagandísticos que propunham cenografias com vozes e personagens mais ou menos diferenciados, implantados em diferentes lugares imaginários em relação ao poder e ao necessitar, e a valores como solidariedade, trabalho, prevenção, ambição, sucesso. No aspecto das reformulações, que é o da explicitação e diferenciação de espaços pessoais imaginários, a constante que observamos como mais distintiva entre argentinos e brasileiros foi a de uma maior tendência, nos primeiros, ao reforço dos contornos e à delimitação desses espaços, e, nos segundos, a um relativo enfraquecimento desses contornos.

4.6. O espelho invertido da certeza

Propusemo-nos, na pesquisa concluída em 2002, a analisar as modalizações do *continuum* certeza/possibilidade sob a hipótese de que elas se apresentam, em geral, mais flexíveis na discursividade brasileira e, na argentina, mais rigidamente diferenciadas. Além de analisar, nas reformulações de textos, outras variáveis relacionadas a essa modalização, tentamos focalizar, em alguns dos testes, diretamente unidades que explicitam esse *continuum*, como "assegurar-se" ou "ter certeza". Os resultados apareceram, primeiramente, como diferenças fortes entre as amostras, mas que, por sua vez, demandavam uma análise muito cuidadosa que não valorizasse excessivamente alguns índices nem deixasse de atentar para fenômenos de menor expressão, mas muito significativos. E, sobretudo, foram resultados que exigiram inter-relações e muitas paráfrases em ambas as línguas para chegar a enquadrá-los em valores como o aspectual, que antecipamos nos pontos 3.5.1 e 3.5.2 do capítulo anterior.

Retomando, então, esse valor aspectual de que nos utilizamos para a análise das reformulações de *"asegúrese"* (tabela 4.2) e de "ter certeza" (tabela 4.3), diremos tê-lo visto primeiramente na observação das respostas para o texto em castelhano. Algo "soava" estranho nos *"tenga certeza que sea legal", "esté seguro que sea legal"* que líamos nas respostas dos brasileiros, algo que fomos localizando como um valor terminativo, como já explicamos no capítulo 3. Percebíamos que no enunciado "original" aparecia um valor cursivo *(asegúrese)*, e foi notável a proporção em que os respondentes argentinos se atrelaram a esse valor aspectual, com os brasileiros tendendo a apagá-lo, mesmo alterando a configuração léxica e sintática do original. Revendo:

	Argentinos (total: 37 casos)	Brasileiros (total: 37 casos)
Foco no processo (aspecto cursivo)	34 casos 91,89%	14 casos 37,84%
Foco no resultado (aspecto terminativo)	1 caso 2,70%	21 casos 56,76%

Tabela 4.2 – Valor aspectual nas reformulações de "Asegúrese que sea legal".

Em compensação, nas reformulações de "ter certeza" para o texto 1 em português, as regularidades nos grupos nacionais foram quase opostas:

	Argentinos	Brasileiros
Foco no processo	12 casos 31,58%	25 casos 65,79%
Foco no resultado	31 casos 81,58%	15 casos 39,47%

Tabela 4.3 – Valor aspectual nas reformulações de "ter certeza".

Já dissemos que, em *"asegúrese"*, o valor aspectual do "original" era cursivo, o "foco no processo". E qual era o de "ter certeza" no texto 1 em português? Vejamos novamente o parágrafo da propaganda da Anatel:

> Em todos seus órgãos, ministérios, secretarias e empresas, centenas de técnicos e especialistas no país inteiro já ajustaram e corrigiram sistemas, e fizeram testes e mais testes para ter certeza de que está tudo certo.

Observe-se que aí, quanto à diferenciação entre processo e resultado, "ter certeza" está num ponto intermediário, porque se enuncia como resultado/propósito dos "testes e mais testes" e também como processo para assegurar-se de que "está tudo certo" (de fato, esse "ter certeza" é perfeitamente substituível, no contexto, por "assegurar-se").

Os argentinos, diante do "ter certeza" explícito, atribuem menos esse valor cursivo processual que a frase original sugere, e que a maioria dos brasileiros interpretou. Então, os argentinos lhe dão esse valor terminativo que surge da sua literalidade. E os brasileiros usaram muito ali "assegurar-se", o mesmo termo que, em espanhol, os levou majoritariamente a *"tenha certeza"* e similares. Isto é, cada grupo nacional percorreu o caminho inverso na língua do outro.

Antes de continuar a análise, avaliaremos uma possível restrição sintática, que pensamos não atuar aqui, mas que poderia ser posta como objeção a partir do conhecimento de ambas as línguas. Alguns dos termos empregados para reformular "asegúrese" com valor cursivo incluem uma partícula reflexiva: "cerciórese", "certifíquese" etc. Dado que inúmeros trabalhos comparativos a partir de González (1994, 2008) mostram que, no português brasileiro, a ocorrência de pronomes átonos é muito menos frequente e produtiva do que em espanhol, se poderia aventar que o evitamento dessas formas pronominais explicaria a seleção, por parte da maioria dos brasileiros, de formas terminativas como "tenga certeza" ou "esté seguro".

Não cremos que isso possa explicar a marcada diferença entre as duas amostras para o valor aspectual que estamos analisando pelas seguintes razões:

(1) Nem todas as formas cursivas utilizadas ou utilizáveis em espanhol incluem um reflexivo, muitas não o requerem. É o caso de "verificar", "comprobar", "mirar", "ver", todas elas usadas por alguns respondentes da amostra brasileira. Não é a partícula reflexiva, nestas construções, o que fornece o valor aspectual.

(2) Se tivesse acontecido (não foi assim) de algum respondente utilizar alguma das formas habitualmente pronominais sem o pronome átono ("asegure", "certifique" etc.), como acontece na interlíngua em construções com outros valores semânticos[11] (González, 2008) para esta variável, teríamos considerado a resposta igualmente como "foco no processo", já que, por mais inadequada que possa parecer a um falante de espanhol, não mudaria o valor aspectual.

(3) Ao fazer o teste, o respondente tem, como modelo a reformular, a forma "asegúrese", que, por ser pronominal, pode induzir a utilizar outra do mesmo tipo. Tendo ela como modelo, a seleção de formas como "esté cierto/seguro" ou "tenga seguridad/certeza", com o acréscimo de estruturação sintática que elas comportam, não significa economia. Acontecendo esse movimento em uma proporção tão alta da amostra, ele tem de refletir algum tipo de tendência.

Por isso, consideramos os índices das tabelas 4.2 e 4.3 como fenômenos orientados pelo discurso e não por restrições sintáticas

---

[11] Por exemplo, inacusativas como "#Carlos desmayó", que em espanhol tenderia a ser construída com pronome, "Carlos se desmayó". Não houve, nestas reformulações, casos em que caísse a forma pronominal, fato que atribuímos a que existe nelas um traço de controle, que as aproxima da agentividade.

específicas de uma das duas línguas. E para sua melhor caracterização como tendência, nada melhor do que observar seus extremos na própria amostra.

Dentre as respostas para "asegúrese", houve sete casos (20,59%) de brasileiros que modificaram o subjuntivo "sea" de "asegúrese que sea legal" por formas do indicativo como "es". As formas resultantes, como "tenga certeza de que es oficial/original", ou "tenga certidumbre de que es legal", parecem um equívoco na outra língua. Com efeito, cremos que a primeira interpretação que um falante nativo de espanhol faria delas seria a de um pedido para que o interlocutor acredite na legalidade do produto afirmada pelo locutor (algo como "no dude de que esto es legal; no desconfíe") e não, como no texto a reformular, um pedido de que o interlocutor verifique essa legalidade. Há também um "extremo" na amostra argentina. Sete dos respondentes argentinos deram como resposta formas do tipo "saber", que enfraquecem, se não cancelam, a modalização "certeza/dúvida".

Esses dois extremos, considerados precisamente como o mais agudo de uma manifestação que alcançou, como mostram as duas tabelas, proporções muito maiores, indicam, cada um deles, uma tendência diferente. Nos respondentes brasileiros, a representar a certeza/possibilidade de um modo mais laxo. Nos respondentes argentinos, a não fazer interagir na representação os matizes da certeza e seu processo, ao ponto de identificá-la, em um extremo, com um "saber".

O que levou os respondentes argentinos a selecionarem majoritariamente o "resultado" em "ter certeza"? Cabe, para tentar uma explicação, voltar para o item deflagrador. No fio do discurso, ele transita entre os dois valores. Mas como unidade isolada, no seu significado "extradiscursivo" (Lopes, 1978: 73-80), ele tem um valor exclusivamente resultativo. A coerência no comportamento oposto dos respondentes argentinos na reformulação de cada um dos itens nos parece dada por uma discursividade que procura a maior diferenciação enunciativa possível entre o considerado factual e o considerado não factual e, por isso, segue, em cada um destes casos, **o valor aspectual mais literal** do item a ser reformulado, dando como resultado formulações opostas para cada item. Nas respostas dos brasileiros, essa diferenciação aparece como muito mais flexível nas seleções enunciativas. Assim, um item como "asegúrese", expressando uma expectativa positiva, pode levar a uma construção que representa a certeza como "obtida". E, por outra parte, "ter certeza" é matizado, na interpretação, além da sua literalidade.

Enfim, estes índices dão uma primeira base para nossa proposta de uma tendência, na discursividade brasileira, a que o *continuum* possibilidade – realização, propósito – certeza (aqui, aspectualizado como processo – resultado) se represente mais indiferenciado e, na discursividade argentina, mais rigidamente marcado.

Para além dessa hipótese pontual, quando em 2002 analisamos estas reformulações de "asegúrese que sea legal" e de "ter certeza", encontramos que, pela sutileza e profusão de seus indicadores, eram um caso "laboratorial" para observar uma problemática mais ampla: como os processos enunciativos agem sobre materialidades linguísticas próximas. Para tanto, criamos uma figuração que ilustra um aspecto da "proximidade contraditória" que postulamos no capítulo 2: como as seleções enunciativas determinadas pelo discurso afetam, mediante as variáveis para categorias semânticas, o funcionamento de duas línguas com um repertório análogo de formas. Apresentaremos essa figuração, com algumas modificações na terminologia teórica, no item seguinte.

4.7. Proximidade: território fragmentário

Nas reformulações dos dois segmentos que estamos considerando, os dois grupos linguístico-nacionais de respondentes circularam pelo que poderíamos representar como "zonas" análogas da semântica das suas línguas, nas quais se encontram matizes aspectuais para as modalizações de possibilidade e certeza. E vimos que cada grupo atuou como espelho invertido do outro.

Ao empregar o termo "zona", como acabamos de fazer, adotamos uma metáfora espacial para a materialidade linguística, que podemos aproveitar para integrar uma figuração dos processos enunciativos. Imaginemos, então, um campo sobre cuja superfície podem cair, alternadamente, feixes de luz que iluminam determinados pontos. O campo é a materialidade linguística e a luz, a seleção operada nos processos de enunciação. Neste caso, o setor do campo é aquele que concentra as múltiplas formas que podem expressar "certeza", com todos os seus matizes modais e aspectuais. Esse foco nessa área do campo é determinado pela unidade dada para reformular. Para a análise, produzimos um ordenamento imaginário do campo em um *continuum* aspectual que formalizamos com a variável "foco no processo"/"foco no resultado".

Se representássemos as "iluminações" produzidas pelas respostas de brasileiros e argentinos nesse campo diante dos dois itens propostos, teríamos o seguinte panorama: nas reformulações de "asegúrese", as respostas dos argentinos produziriam uma forte concentração lumínica na zona de "processo" e outra, muito mais leve, na zona de "resultado". Nessa última, estaria concentrada a maior proporção de luz das respostas dos brasileiros, que, no entanto, também cairiam, numa proporção bem menor, na zona de "processo". Como mostram os índices, as iluminações teriam limites imprecisos, mas marcariam uma forte tendência. E o ponteiro dessa tendência seria uma zona extrema parcialmente iluminada nas respostas dos brasileiros: uma região de (–) "processo"/(+)"resultado"; isto é, de ausência total de exibição do "processo". Ela corresponde aos sete casos que já comentamos, que utilizaram o indicativo "es".

As seleções produzidas nos processos enunciativos, ao caírem sobre uma região da materialidade linguística em que as discursividades entram em conflito, dão como resultado regularidades que, mesmo se superpondo na seleção de determinados itens, mostram tendências diferentes. A diferença entre ambas as discursividades se manifesta, na materialidade linguística, não como uma oposição nítida de itens, mas como uma frequência maior ou menor na "escolha" dos itens disponíveis para determinada função.

A reversibilidade do processo pode ser comprovada completando o panorama com a observação das reformulações para "ter certeza". Voltemos, para tanto, a nossa ilustração do campo iluminado. Observaríamos primeiramente uma maior superposição e convergência de iluminações. Como mostram as cifras da tabela 4.3, houve vários respondentes que deram opções para as duas categorias que estabelecemos. Acreditamos que a diferença com o perfil relativamente mais nítido das reformulações de "asegúrese" deve-se a que o item, como já explicamos, sincretiza, no fio do discurso no texto "original", os valores de "processo" e "resultado". Mesmo assim, há diferenças perceptíveis. As respostas dos argentinos estão muito mais concentradas na zona de "resultado" e as dos brasileiros, em uma proporção um pouco menor, na de "processo". Há, também, uma certa iluminação de zonas extremas, desta vez nas reformulações dos argentinos: o "saber", que se localiza em um dos limites do "campo" imaginado.

Voltemos agora ao problema mais geral do modo como o discurso opera nas línguas próximas. Observamos seu comportamento sobre regiões análogas de cada uma delas. Constatamos que agiram fortemente, em cada grupo, determinações não atribuíveis a restrições do funcionamento da língua, mas que são determinadas pela ordem do discurso. Para indagar nessas determinações é que vamos tentando correlações entre os muitos fenômenos que encontramos nesta pesquisa e em outras. Porém, o que destacamos, neste momento, é que essas determinações conduziram, na reformulação de cada item, a caminhos análogos sobre duas materialidades linguísticas diferentes (espanhol e português brasileiro), encontrando em cada caso as unidades que cada materialidade lhe oferece. E os resultados mostram, também, que a diferenciação das materialidades é instável, e essa instabilidade se evidencia fundamentalmente nas regiões em que entram em conflito as diferentes regularizações na memória discursiva desse espaço. Assim, a regulação discursiva pode se manifestar também na materialidade da língua outra, dando lugar a seleções que, apesar de não escaparem ao possível no funcionamento sintático, perturbam o que, para o espaço social que fala essa língua, aparece como consolidado.

4.8. Pessoa e certeza

Nas reformulações analisadas na seção 4.3 deste capítulo, sobre "nombre y apellido", a perspectiva "endocêntrica" nos argentinos foi expressa nos seus extremos mediante a enfatização do "próprio", "indubitável" (com formulações como "sólo puede llamarse de una manera/sólo responde a un nombre y apelido"), "autêntico" (com reforços internos como "identidad/su propia identidad"), que remetem também às modalizações da *certeza*. Acreditamos existir uma relação entre esses aspectos em que encontramos diferenças de predomínio entre nossos discursos, e que em cada um deles, as duas dimensões (o espaço da pessoa e as modalizações da certeza/possibilidade de expetativa positiva) se articulam. Muitos dos indicadores comentados até agora, trazidos em função de uma dessas problemáticas, têm alguma conexão com a outra: o desvio para o "saber" nas reformulações de "ter certeza" (item anterior), e de modo geral, os reforços de contornos analisados no item 4.5 deste capítulo são relacionáveis a uma delimitação mais rígida entre o possível e o verificado. Inclusive a oposição mostrada na tabela 4.1 desse mesmo item, entre a 1ª pessoa do singular e o enunciador genérico mostra essa tendência. O enunciador genérico suspende a oposição entre verificação e não verificação precisamente porque ganha veracidade num "todos" cuja fronteira, como já vimos a partir de Guimarães (2005), é necessariamente imprecisa. Esta observação não significa que na discursividade argentina não se empreguem enunciadores genéricos ou enunciados proverbiais. O que constatamos nesta pesquisa foi outra coisa: postos diante do pedido de explicar uma sequência de frases nominais como a que aparecia na propaganda da SOCMA, e projetando-se na "mesma voz" com um lugar de dizer de alta hierarquia no campo econômico e na formação social (o de uma empresa bem-sucedida), foi categoricamente maior a proporção de brasileiros que se direcionou a esse dizer genérico e também fortemente superior a de argentinos que produziu uma configuração mais definida mediante a 1ª pessoa do plural.

Outros dois importantes indicadores dessa relação se apresentam nas reformulações da mesma propaganda. Por uma parte, como vimos no capítulo anterior, seção 3.5.6, subitem (c), uma proporção nitidamente inversa de respondentes orientou o semantismo de "confianza" para o possível ou para o certo:

	Argentinos (total: 21 casos)		Brasileiros (total: 17 casos)	
Possibilidade	66,67 %	14 casos	35,29 %	6 casos
Certeza	33,33 %	7 casos	64,70 %	11 casos

Tabela 3.8 - Possibilidade e certeza nas reformulações de "confianza".

E concomitantemente, como mostra a tabela 3.7 na mesma seção, dentre aqueles que atribuíram alguma perspectiva pessoal à "confiança", predominou, nos argentinos, a atribuição ao próprio locutor: a empresa confia no seu próprio futuro. Nos brasileiros, houve equilíbrio entre os que seguiram essa perspectiva e os que representaram a confiança como provindo do exterior: as pessoas confiam. E outro indicador significativo no mesmo sentido é que somente na amostra brasileira o termo "solidez", que nessa propaganda aparecia como "la solidez del presente" tenha sido reformulado como "garantia" e "seguridad". Enquanto "solidez" se integrava à imagem geral de confiabilidade a partir de um funcionamento figurativo sobre a **integridade do próprio ser**, "garantía" e "seguridad" tendem a representar o que esse ser pode **oferecer a outros**, ou o que **outros podem ver nele**.

Assim, as tendências que conseguimos detectar para a modalização de certeza/possibilidade se mostram imbricadas com as que localizamos para a delimitação das instâncias de pessoa.

4.9. Pessoa e desigualdade

A propaganda da Loteria do Estado do Rio de Janeiro alude a diferenças socioeconômicas, nas quais "o povo do nosso Estado" é situado em um lugar de não posse. Em primeiro lugar, se diz que "mais de 13 milhões de pessoas saem ganhando", o que remete, mesmo a quem não conheça a quantidade exata de habitantes do Estado do Rio de Janeiro, a uma população inteira ou a parte significativa da mesma. Imediatamente, e como explicação desse "ganho" coletivo, informa-se que a renda arrecadada "é revertida para a Vida Obra Social do Governo do Estado". Não é necessário conhecer as exatas funções desse órgão para que o nome "Obra Social" sugira (também a um argentino) a tentativa de melhorar a qualidade de vida de pessoas pouco ou nada abastadas. O termo "Vida" no nome da obra social, retomado depois em "a vida do povo", apresenta as necessidades como vitais, constituindo assim a representação desses "13 milhões" como pessoas economicamente carentes. Os dois benefícios mencionados, "ambulâncias, casas populares", confirmam a imagem. Assim, no sintagma "o povo de nosso Estado", o "povo" não aparece como designação da população toda, mas dos setores de parcos recursos.

Esse é o "povo de nosso Estado" na propaganda da LOTERJ, e há alguma coisa de "errado" na sua vida, que precisa ser "melhor e mais digna". O alocutário construído mediante "você" poderia ser parte do "povo", mas nesta cena não, porque é fonte da "renda obtida". Isso o coloca imaginariamente em certa paridade com o governo, no espaço da não carência, do "ter condição", para usar uma expressão bem brasileira.

O adjetivo "digna" qualifica pela negativa essa carência, e nele se encontram e confundem duas ordens de sentidos: o econômico, dado pelo contexto verbal e pela evidente referência a bens como moradia e ambulâncias, e o moral, dado pela vinculação do próprio termo, nas duas línguas, com a avaliação de atitudes e comportamentos não necessariamente relacionados à posse de bens.

Considerando essas duas linhas interpretativas, no capítulo 3, seção 3.5.5, explicamos duas direções para a reformulação de "digna", a de "avaliação moral" e a de "bem-estar", e detalhamos a assinalação de cada caso. Reproduzimos aqui a tabela 3.6, que resumiu os resultados:

	Argentinos (total: 35 casos)	Brasileiros (total: 33 casos)
AM	10 casos 28,57%	22 casos 66,67%
BE	18 casos 51,43%	4 casos 12,12%

Tabela 3.6 – Resumo da tabela 3.5.

Para ponderar estas diferenças na reformulação de "digna", é necessário, em primeiro lugar, reconhecer a sedimentação histórica, tanto no PB quanto no E, de uma vinculação argumentativa entre unidades léxicas referidas ao bem-estar econômico e à probidade moral. Esclarecimentos como "pobre pero honrado", "é pobre, mas é decente", remetem a um pré-construído em que a pobreza questionaria aspectos morais. No seu avesso, termos como "nobre"/"noble", designadores de um estamento social privilegiado, podem-se referir a qualidades morais positivas bem como, sobretudo no Brasil, a produtos de qualidade destinados ao consumo de pessoas de classe alta, ou aos bairros habitados por essa classe.

No entanto, a aparição no discurso dessas séries sinonímicas está fortemente restringido pelo que Pêcheux ([1969] 1990) denominava "formações imaginárias" nas condições de produção do discurso. A posição relativa dos locutores no espaço social e no funcionamento institucional pode impedir os usos de termos relacionáveis à avaliação moral para designar a necessidade de melhora econômica. Isso parece mais autorizado quando se trata de um terceiro (como nos casos que vamos analisar). Mas seria necessário deter uma posição imaginariamente muito hierárquica para dizer a um interlocutor "você necessita de uma vida mais decente/respeitável/honrada". E enunciar-se como dador dessa "vida mais digna" só parece possível a partir de um lugar de poder socialmente legitimado.

Nas reformulações que estamos analisando, em que não se fala a um outro senão sobre um terceiro, a seleção de um termo "de avaliação moral" recorta esse terceiro a partir da sua percepção exterior, enquanto a referência ao bem-estar fica nos limites da descrição do "mesmo". Nesse aspecto, a primeira assume uma perspectiva exocêntrica e a segunda uma perspectiva endocêntrica. Vale a pena comparar a percepção do "carente", ligada à representação da pobreza, com a percepção do "bem-sucedido" que encontramos na propaganda da SOCMA em relação a "solidez" que se transforma em "seguridad" ou "garantia":

	Perspectiva endocêntrica	**Perspectiva exocêntrica**
dignidade do povo carente	bem-estar	probidade moral
solidez da grande empresa	fortaleza, firmeza	garantia, segurança

Os resultados começam a dar forma e resposta a um questionamento, que começou a nos acompanhar desde a pesquisa de 2002. O predomínio de recortes endocêntricos teria, acaso, a ver com espaços de uma sociabilidade mais excludente, e o de perspectivas exocêntricas com espaços de maior inclusão? A tendência ao reforço dos contornos das entidades pessoais representadas se relacionaria com sentidos de intolerância, e sua relativa indiferenciação com uma abertura maior para a diversidade, com uma maior receptividade? Definitivamente *não pensamos* que seja assim.

Essas configurações, que se manifestam em graus diferentes em discursos brasileiros e argentinos, mas nunca estão completamente ausentes de ambos, se relacionam, em todo caso, aos diferentes modos como cada formação social processou a desigualdade que, em algum grau, a caracteriza, e a violência que essa desigualdade implica.

Refletindo sobre uma contradição que marca a sociedade brasileira — a saber, apesar de seu cruel histórico de desigualdade, ela sustentaria acerca de si mesma "a imagem positiva de sua unidade fraterna" —, Chaui (2000: 8) afirma: uma representação corrente no país seria a de que "aqui, só não melhora e só não progride quem não trabalha, não havendo, por isso, discriminação de classe e sim repúdio de vagabundagem". As construções argumentativas do tipo "ser pobre, porém, decente" são congruentes com esse princípio. E foi precisamente dentre os termos de avaliação moral que a palavra "decente" se manifestou com altíssima frequência nas respostas dos brasileiros: apareceu, isolada ou com outras opções, em treze casos (39,39% do total) e em nenhuma das respostas de argentinos.

A aparente indiferenciação e a representação do ser mediante seus vínculos não é necessariamente um convite à diversidade. Celada (2005), precisamente analisando construções fortemente implantadas na discursividade brasileira nas quais há certa indistinção sobre se o locutor se inclui ou não no coletivo que designa (um dos exemplos que dá é "brasileiro é assim mesmo"), observa que elas produzem um "efeito de provérbio" relacionado a processos de homogeneização ideológica. Operação semelhante à que afeta o locutor nesse tipo de enunciado é a que envolve o interlocutor na propaganda da LOTERJ, sua inclusão ou não no "povo", que alguns dos respondentes argentinos fecharam em um sentido ou em outro.

Da mesma maneira que a falta de demarcação de espaços ou a seleção de perspectivas exteriores não se relaciona necessariamente com um dizer igualitário, a sobredemarcação e a saliência do mesmo, que encontramos como predominante na discursividade argentina, podem comportar tanto uma afirmação de autonomia quanto a precisão de uma violência opressora. No próximo capítulo, abordaremos essa relação com o sócio-histórico de duas maneiras: a partir de pesquisas posteriores que tomaram como objeto séries discursivas não resultantes de uma produção experimental, mas da comparação de bens culturais de circulação massiva, e apoiando-nos em reflexões, sobre ambos os países, de estudiosos de outros campos das ciências humanas.

CAPÍTULO CINCO

FORMAÇÕES SÓCIO-HISTÓRICAS E MAIS COMPARAÇÕES

Neste capítulo nos referiremos a estudos desenvolvidos nos últimos dez anos, por nós e por pesquisadores com os quais trabalhamos, e que de diferentes maneiras indagaram as problemáticas que nossa primeira investigação experimental trouxe à consideração. Foram trabalhos desenvolvidos, de modo geral, como comparação de *corpora* delimitados a partir de gêneros da cultura de massa. Essas pesquisas, bem como a reflexão sobre seus resultados, enriqueceram e ampliaram grandemente o que tínhamos encontrado anos atrás, a ponto de hoje ser impossível retomar aquelas comparações sem fazer referência a esses novos desenvolvimentos. Aqui nos limitaremos a apresentá-los para que o leitor os conheça e possa compreender a relação que eles têm com o que expusemos até agora, dando sempre as referências para que seja possível encontrá-los na íntegra.

Porém, nosso objetivo principal no capítulo é outro. Queremos encerrar este livro fundamentando algo que poderia parecer óbvio: as diferentes tendências que encontramos como predominantes na pesquisa comparativa entre os dois países no plano discursivo, centrados no funcionamento das instâncias de pessoa, se relacionam com as diferentes formas que a desigualdade social, bem como a violência (física e simbólica) que a sustenta, adquiriram em cada um desses espaços. E isso deixa de ser óbvio para passar a ser pertinente quando nos propomos a refletir especificamente: como se dão as formas de desigualdade, que não se combinam do mesmo modo em qualquer lugar do mundo; e a partir das regularidades discursivas que fomos percebendo. Por isso também, a apresentação que faremos das pesquisas comparativas mencionadas no parágrafo anterior dará atenção a como esses gêneros e campos discursivos se inseriram na conflitividade singular do espaço social nos nossos países.

5.1. Desigualdade e hierarquia no Brasil e na Argentina

Os dois países dos quais tratamos, principais economias da América do Sul, apresentam históricos de desigualdade socioeconômica e também de uma violência política que, em alguns períodos e lugares, atingiu extrema crueldade. A pobreza e a exclusão de setores da população inteiros do acesso a bens básicos, bem como panoramas urbanos nos quais a miséria circula ao lado da opulência ou luxo faz parte do cotidiano. Resultantes de processos coloniais, sua conformação como estados nacionais conheceu momentos conturbados. Seu papel subsidiário na economia mundial se relaciona a diferentes modos de dependência em relação a grandes potências que, em não poucas ocasiões históricas, intervieram de modo mais ou menos evidente no devir político.

Apesar dessas semelhanças, que poderíamos continuar detalhando, as observações comparativas feitas de diferentes campos das ciências humanas indicam que, no que diz respeito à desigualdade socioeconômica, há, como veremos, históricos diferentes entre ambos os países. Considerando que as formas de desigualdade social podem se relacionar a processos de regulação no discurso e que a consolidação dessas regularidades só se dá com o tempo, o panorama sócio-histórico a ser observado não pode ser conjuntural. Para aquilo que encontramos em amostras levantadas entre 2000 e 2001, e numa busca orientada por intuições anteriores, é necessário ir mais para trás. E se, como veremos neste capítulo, algumas das pesquisas realizadas posteriormente consideraram *corpora* de começos do século XX, é necessário interrogar a desigualdade em termos de sedimentação histórica.

O acúmulo histórico de riquezas no Brasil é de uma desigualdade socioeconômica muito maior do que o da Argentina. Atualmente, já entrado o século XXI, a melhora, nesse aspecto, do Brasil, nos últimos vinte anos, e o que ainda pesa, na Argentina, do forte retrocesso sofrido nos 1990, fazem com que essa diferença seja menor para muitos índices. Porém, em uma retrospectiva histórica não muito longínqua, o Brasil é um país nitidamente mais desigual, particularmente em alguns aspectos que iremos detalhando pela relevância que eles têm para os espaços de sociabilidade com que se relacionaram nossos objetos de pesquisa.

No volume de história comparada produzido por Fausto e Devoto (2004: 153), encontramos um diagrama que mostra um "índice relativo de nível de vida" na sua evolução de 1900 a 1995. O índice é medido em pontuações que combinam variáveis diversas, tais como expectativa de vida, escolarização, acesso a serviços, renda e outras. Vemos que, em 1900, o Brasil tem atribuída uma pontuação 40 e Argentina 65. A diferença aumenta ainda mais nas primeiras décadas do século XX e começa a diminuir em torno dos anos 1940, mas continua sendo de mais de vinte pontos até a década de 1970 e, mesmo em 1995, no ponto mais agudo da degradação social que viveu sob o auge neoliberal[1], a Argentina mostra um índice de 79 pontos, e o Brasil de 68.

No meio desse processo, segundo vemos no capítulo sobre desenvolvimentismo na mesma obra (Fausto e Devoto, 2004: 361), para a desigualdade na distribuição da renda, medida pelo "coeficiente de Gini (em que 0 significa ausência de desigualdade e 1, o máximo de desigualdade)", o Brasil tinha um índice de 0,57 em 1960 e a Argentina, de 0,41 em 1961 (e o desenvolvimentismo, segundo os mesmos autores, rendeu mais crescimento ao Brasil do que à Argentina). Na mesma época, houve avanços em relação à alfabetização, mas as cifras que revelam esses avanços, tanto de partida como de chegada, mostram que, no Brasil, o problema era de profundidade estrutural: o analfabetismo em maiores de 15 anos passou de 50% a 40% entre 1950 e 1960, enquanto na Argentina, no mesmo período, passou-se de 12% a 9%. Em 1981, no Brasil havia ainda 22,30% de analfabetismo, taxa que, na Argentina, já era de 4,5% (*ibid.*: 494).

---

1 Em 1995, segundo Beccaria (2002), é atingido, na Argentina, o recorde histórico de desemprego (17%) e a proporção de lares abaixo da linha de pobreza chega a 20,3%.

Inclusive, se focalizarmos o pior momento da Argentina, a virada para o século XXI — quando no Brasil já havia ocorrido grandes progressos —, vemos que em uma classificação de 175 países por índice de desenvolvimento humano (IDH) feita em 2001, a Argentina está no 34º lugar e o Brasil no 65º. Dados da CEPAL de apenas dois anos antes, 1999, mostram que, mesmo nesse momento tão crítico para a Argentina, a porcentagem de pobreza no país era de 19,7 %, e a do Brasil, de 37,5%, sendo a miséria de 4,80% na Argentina e de 12,90% no Brasil (*ibid.*: 497-498).

Esses índices comparativos, que mostram o Brasil como um país com desigualdades socioeconômicas mais fortes, especialmente significativas em alguns itens quase até o final do século XX, se relacionam com aspectos da vida dos dois países que a leitura da história comparada de Fausto e Devoto (apesar de seu caráter eminentemente descritivo), combinada com conhecimentos mais pontuais sobre cada país, permite observar. Assim, pode-se concluir que a Argentina não herdou um problema colonial de posse da terra, para a qual houve um acesso mais amplo do que no Brasil, que a consolidação da maioria da população argentina como urbana foi anterior em várias décadas, como também o foi a universalização da escola pública, e que houve uma maior mobilidade social na Argentina durante todo o século XX.

Alguns trabalhos do politólogo Guillermo O'Donnell permitem apreciar consequências desse diferente acúmulo histórico em um plano profícuo para as hipóteses sobre relações entre linguagem e vida social: o da sociabilidade e seus rituais, que esse estudioso conseguiu articular magistralmente com as análises sobre o autoritarismo político em ambos os países e em outros da América Latina. Cremos que seus textos comparativos produzidos na década de 1980, quando se estabeleceu no Rio de Janeiro e trabalhou no Instituto Universitário de Pesquisas (IUPERJ), têm grande vigência e sua leitura foi reveladora para podermos situar algumas das regularidades que fomos encontrando no discurso.

A partir da análise de algumas situações cotidianas nas quais as hierarquias sociais se veem desafiadas e reafirmadas, O'Donnell (1984: 4) localiza, no funcionamento de alguns enunciados, modos como ambas as sociedades "pressupõem e repõem, cada uma do seu modo, a consciência da desigualdade"[2]. Sem pretendermos fazer coincidir a

[2] Tradução nossa.

concepção de "consciência" nesse modelo com os processos de regularização no interdiscurso, suas observações sugerem instigantes analogias com o que nossa pesquisa foi nos mostrando:

> O Brasil é profundamente hierarquizado, ocultando-se por vezes por trás de seus "homens cordiais", mas encontra seu momento de mágica, porém não irreal transmutação, nos carnavais que Da Matta me ajudou a ver. Já a Argentina, sociedade também hierarquizada, mas muito menos do que o Brasil, tem, em quase qualquer oportunidade que se apresenta, uma atitude mais igualitária ou, mais precisamente, que equipara as distâncias sociais (O´Donnell, 1984: 4-5).

O trecho alude a Sérgio Buarque de Hollanda e a Roberto da Matta. Para ponderar essas alusões, convém que nos detenhamos primeiro na autorreformulação do termo "igualitária" como "que equipara" as assimetrias sociais. Essas "equiparações", na própria descrição que O´Donnell vem fazendo no texto sobre cenas do cotidiano, são gestos que encurtam a distância mediante o que poderíamos denominar como um reforço de algum aspecto do ser que está posto em jogo:

> Entre outros, *garçons*, atendentes de *lojas* e motoristas de táxi, pelo menos no Rio, quando fazem bem o que estão fazendo segundo acreditam que deve ser feito, **servem bem**. Solícitos, simpáticos – como se fosse necessário, que não o é – eles mesmos impõem a distância social existente. Em Buenos Aires, seus equivalentes costumam fazer una serie de gestos, aproximações e omissões para conseguir algo talvez antipático (mas que francamente me parece preferível): deixar claro que eles não estão servindo, que estão **trabalhando** (O´Donnell, 1984: 4 – tradução nossa, grifo no original).

Existe congruência, ainda, entre a apresentação de si "solícita" e "simpática" e o apontamento da distância social. Cremos que isso mostra o avesso precisamente menos "cordial" da delimitação do ser pelos seus vínculos, embora seja oportuno não esquecer que Buarque de Hollanda ([1936] 1976: 107) via a polidez como "defesa epidérmica"[3]. Os "gestos, aproximações e omissões" na discursividade argentina que, para O'Donnell, trazem a significação de uma diferença entre

---

3 Incluímos a referência a esse pensador devido a alusão feita por O´Donnell, que deve ser compreendida no contexto do questionamento, já forte na época, da teorização de Buarque sobre o "homem cordial". Não entraremos, neste livro, na apreciação dessa construção explicativa, nem das polêmicas e leituras que ela ainda gera.

"trabalhar" e "servir", delimitam o subalterno como "per se" e não pela subalternidade. Se essa é a percepção do lado "alto" da hierarquia, vale a pena remeter-nos a Da Matta, referido constantemente por O´Donnell na sua indagação comparativa, para perceber seu funcionamento também em relações mais simétricas.

Roberto da Matta (1990) caracteriza a sociedade brasileira como altamente hierarquizada em todos os aspectos de sua vida e da sua mentalidade, começando por uma distinção entre as noções de "pessoa" (que nele remete a uma tradição sociológica e não linguístico-discursiva como a que adotamos neste livro) e de "indivíduo". Muito sinteticamente diremos que, nessa diferenciação, o "indivíduo" se caracteriza pela pressuposição de igualdade e de um espaço próprio, e a "pessoa", polo social do indivíduo, pela complementaridade e por estar "presa à totalidade social, à qual se vincula de modo necessário" (*ibid.*, 1990: 184). Na "pessoa" se cristalizam os vínculos sociais. Toda formação social incorpora ambos os polos em diferentes graus e relações. Em particular, para o Brasil, Da Matta propõe que "o indivíduo é que é a noção moderna, superimposta a um poderoso sistema de relações pessoais" (*ibid.*, 1990: 188). O indivíduo, no Brasil, seria o objeto do sistema legal, de sua impessoalidade. Mas a sociabilidade fora dos espaços e momentos de intervenção ou de invocação da lei é fundamentalmente uma sociabilidade entre "pessoas"; isto é, entre unidades marcadas pela relação e não pela individuação. Para Da Matta, no Brasil, a ideologia dominante é a da complementaridade, a do sistema de "pessoas", sendo o indivíduo a queda no anonimato e na solidão social.

O domínio da "pessoa" é primeiramente o da família, que na descrição que Da Matta faz das "passagens" entre os dois universos tende a ser reposto por diversos mediadores (*ibid.*, 1990: 197). Assim, o brasileiro de setores médios e altos vive pouco tempo da sua vida como "indivíduo". O universo da "casa" domina o universo da "rua", existindo, em consequência, uma "hierarquização do mundo público em termos do mundo privado, do lar e da família" (*ibid.*, 1990: 198).

As reflexões de O´Donnell e de Da Matta nos permitem voltar sobre as regularidades encontradas como tendências para a delimitação e apresentação das entidades pessoais na cena enunciativa. Quando aspectos específicos das condições de produção ou da estabilidade de determinados gêneros não o restringe, é esperável que em uma formação social como a brasileira, na qual os lugares na hierarquia se percebem como muito mais dados e consolidados, a representação das entidades no jogo enunciativo tenda a ser mais pelos seus vínculos que pela sobredemarcação de si. Para que reforçar contornos, se a percepção das posições no espaço social garante a estabilidade das representações? Impossível não relacionar essas caracterizações sobre a desigualdade social do Brasil e sobre o modo como ela se sustenta nas mentalidades e nas práticas discursivas, com vários aspectos do que expusemos no capítulo anterior. Tanto os predomínios de perspectivas endo e exocêntrica na nossa pesquisa de 2002 quanto as observações que fizemos em torno dos dados de Serrani, e ainda sobre alguns dados nossos que deixamos para este comentário final, como a recorrência dos termos "tradición" e "familia" nas reformulações de "tiene nombre y apelido" (capítulo 4, seção 4.3), ou a alta frequência do enunciador genérico para assumir a "mesma voz" da grande empresa nos dados mostrados na tabela 4.1 do mesmo capítulo. Por sua vez, a percepção de hierarquia e das assimetrias de poder tende a favorecer, na discursividade dos argentinos, uma sobredemarcação não dos lugares sociais, cuja distância imaginariamente é encurtada, mas dos contornos dos seres (individuais ou coletivos), algo como afirmar, de modo compensatório, "as coisas são desta maneira, mas cada um é quem é". Concordamos com O´Donnell: trata-se de um modo de "repor" a consciência da desigualdade: longe de nós vermos a sociedade argentina como de "indivíduos" e tendente à igualação. E, como mostraremos nos itens seguintes, mesmo não estando em jogo a desigualdade, esse tipo de reforço do contorno tende a se produzir na representação de conflitos que questionam a imagem do ser individual ou coletivo.

5.2. Desigualdade, pessoa e violência de Estado

O último capítulo do nosso livro de 2002 era um extenso posfácio no qual propúnhamos aberturas para indagações com base nas regularidades encontradas na pesquisa. Não era um projeto, mas um percurso, com a liberdade de quem concluiu uma etapa e começa a explorar ideias. Em boa parte dele, mostrávamos fragmentos de discursos de diversos gêneros e tipos na cultura argentina, nos quais era visível algo que chamávamos "centralidade da pessoa". Com essa denominação, abrangíamos um conjunto de traços para a representação dos seres na cenografia: além da perspectiva "endocêntrica", como delimitação da entidade a partir de si ou de sua própria perspectiva, sua representação como tendo começo em si mesma e em um vínculo solitário (ou autocentrado) com o entorno.

Dentro dessas lembranças de fragmentos de discurso, tinha grande peso a música urbana do século XX, particularmente o tango e o denominado "rock nacional" da Argentina, mas também o folclore. Fazíamos referência a um tipo de figuração extremadamente recorrente nesses gêneros, sem dúvida de alta valoração estética dentro da música popular do país[4], figuração na qual o ambiente ou algum elemento da paisagem "olha", "escuta", "segue", "acompanha" ou "procura" a entidade pessoal. Exemplos são "tierras lejanas te vieron pasar, otras lunas siguieron tu huella[5]", "cuando el sol me viene a buscar"[6], "estrella, tú que miraste, tú que escuchaste mi padecer"[7]. Não multiplicaremos exemplos para não repetir conteúdos que já divulgamos e que podem ser encontrados nas publicações que aqui referiremos, mas é oportuno comentar que, desde aquele tempo, quando começamos a nos aprofundar na observação desses gêneros, nosso repertório de exemplos dessa peculiar figuração só cresceu, ao passo que são pouquíssimos os que encontramos na música brasileira de tradição popular.

O primeiro campo para o qual direcionamos nosso estudo comparado foi o rock nacional em ambos os países, com um conjunto de estudos que referiremos brevemente aqui, apenas no intuito de ampliar a observação das relações nas quais entramos mais explicitamente neste capítulo.

A primeira dessas pesquisas, divulgada em algumas publicações (Fanjul, 2005, 2009c), comparava um conjunto de composições do rock argentino e brasileiro dos anos 1980 e 1990, de modo geral na modalidade canção, que tinham em comum um tipo de cenografia bastante reiterada no gênero. Ela mostra seres individuais ou coletivos representados em conflito com um entorno hostil a sua perspectiva, figurativamente hierarquizado. Foi interessante notar que, nas composições brasileiras, o não controle do entorno pelo ser, sua inferioridade relativa, aparecia como um traço de fortaleza do herói. Nas argentinas, a

---

4 Remetemo-nos aqui a Fischerman (2004), que diferencia, dentro da música de tradição popular, aquela que se escuta "como música" com relativa independência de seus outros usos sociais.

5 Do tango "Golondrina", de Alfredo Le Pera e Carlos Gardel.

6 De uma das versões de "Instituciones", composição do rock nacional de autoria de Charly García.

7 De "Zamba de mi esperanza", de Luis Profili.

luta do ser em questão parecia ser a de atingir algum tipo de controle na adversidade, que se representava como uma reafirmação de seu próprio espaço figurado, com diversas fórmulas de desfecho. Observamos, ainda, uma característica que denominamos "disposição", levando em conta reflexões de Maingueneau (2001) sobre relações entre a categoria de *ethos* e a de *habitus* na sociologia da cultura. A disposição representada para o herói (que, na canção, pode ser personagem e/ou voz) é o conjunto da sua atividade, opções e potencialidade de ação como corpo em movimento na cenografia criada. A disposição euforicamente destacada nas composições argentinas era a de propósito e intencionalidade e, nas brasileiras, a de persistência.

Um dos objetos de discurso que foi motivo de análise na observação dessas composições musicais na sua materialidade verbal foi a violência de Estado. Parece-nos adequado trazer à tona resultados de uma dissertação de mestrado que orientamos, para mostrar a possibilidade de regularidades análogas para o mesmo objeto de discurso em gêneros diferentes. Santucci (2007) desenvolveu uma pesquisa experimental em que estudantes universitários argentinos e brasileiros deviam projetar, os primeiros, uma notícia sobre um bloqueio de estrada por "piqueteros"[8], e os segundos, uma sobre a ocupação de uma fazenda pelo movimento dos sem-terra. Solicitou-se aos sujeitos que em algum momento do relato houvesse referência à ação policial. Na maioria das respostas na Argentina, a ação policial aparecia modalizada por formas de necessidade como "tener que + infinitivo", ou condicionais como "en caso de necesidad"/"si no se despejaba el camino". Na amostra brasileira, essa modalização não apareceu, sequer nas produções que adotavam um ponto de vista congruente com o dos sem-terra representados. Inclusive, em alguns dos enunciados brasileiros apareciam repetidamente as unidades "uso moderado de violência", "grau moderado de violência", que, por serem escalares, trazem o pré-construído de que essa violência é esperável.

Na indagação sobre essas composições musicais urbanas também encontramos constantes diferenciadoras quanto à violência do Estado como objeto de discurso. Uma delas é que no rock argentino,

8 Movimento social de desempregados que se desenvolveu na Argentina nos finais da década de 1990 e que teve seu auge na insurreição de 2001 que derrubou o governo de De la Rúa. Os movimentos *piqueteros* continuaram tendo alguma expressividade na década seguinte, diminuindo sua importância ao tempo que a economia argentina recuperou seu crescimento.

em cenas em que se representa essa violência, a ocultação aparecia como arma do inimigo opressor. Em compensação, no rock brasileiro, a violência opressora, longe de ser ocultada, aparece ostentada e instaurando um princípio de realidade que é *seu* aliado, aliado do opressor representado, não do locutor ou personagem herói e dos que compartilham do seu espaço.

Novamente, as observações nos remetem a O´Donnell (1994: 29-30 – tradução nossa grifo no original):

> No Brasil, as classes populares sempre estiveram "no seu lugar". A do Brasil é uma **sociedade** mais autoritária, onde as classes dominadas são menos classes e onde a violência que garante essa ordem está muito mais normalizada do que na Argentina e também (embora cada um tenha sua história específica, na qual não posso entrar aqui) no Chile e no Uruguai. Além disso, no Brasil essa ordem é diariamente reimposta sobre seus setores populares com extraordinária violência policial, que "ensina" aos que a sofrem e aos que observam sua real carência de direitos elementares. Ainda que sociedade e estado não sejam esferas separáveis (sendo analiticamente distinguíveis), e embora o termo que usarei deva ser entendido no seu sentido mais lato, essa violência reforçadora da serialidade da sociedade brasileira é, por assim dizer, protopolítica: isto é, ela costuma ser notadamente independente das opiniões e filiações políticas que possa ter (ou, mais frequentemente, não ter) a vítima.

O grifo do autor sobre "sociedade" tem uma função comparativa. O autoritarismo político é semelhante ou ainda maior nos outros países de que se trata, inclusive a Argentina, que naquele tempo saía da ditadura mais sanguinária da história de toda a região. O´Donnell destaca o enraizamento do autoritarismo no tecido social brasileiro, seu caráter difuso e internalizado. Nossa nova investigação, desta vez sobre discursividades identificadas com posições de sujeito em um dizer de resistência, como as que encontramos no rock, foi nos mostrando outras faces para as tendências que víamos na discursividade brasileira, que dizem respeito a essa generalização difusa e ameaçadora do autoritarismo a que se refere O´Donnell. Por uma parte, a axiologização positiva do não controle como expressão dessa resistência. Por outra, a representação da violência opressora como onipresente. Vale lembrar, a respeito, uma última passagem do O'Donnell (1984: 39, tradução nossa):

> Talvez porque o autoritarismo esteja tão *socialmente* implantado no Brasil, o aparelho estatal foi e, sobretudo, apareceu tão poderoso e tão

decisivo, e tem ocupado tanto a cenografia dos grandes episódios da vida nacional.

Notamos a presença dos traços que encontramos no rock também em composições musicais brasileiras que se relacionaram, em uma época anterior, a posicionamentos de resistência. Várias das músicas tidas como "de protesto" no período da ditadura militar apresentam um entorno asfixiante, com uma opressão difusa e onipresente, na qual o ser aparece aprisionado, sendo sua insignificância a forma de seu heroísmo. Pense-se em "Cálice", de Chico Buarque. "O bêbado e a equilibrista", de João Bosco, ou inclusive em "Primavera nos dentes", de João Ricardo, cuja letra não é de origem brasileira (é portuguesa e bem anterior à gravação da música em 1972), no entanto, circulou com um sentido de oposição ao regime militar. Na "noite do Brasil", nosso herói, "atordoado" e "no centro da própria engrenagem", inventava "a contramola que resiste".

Uma segunda etapa da nossa pesquisa sobre o rock de ambos os países utilizou um *corpus* de composições transpostas de um país para o outro, no diálogo que uma parte do rock argentino manteve com o BRock[9], principalmente nos primeiros anos da década de 1990. Analisamos, nessas translações ao outro país e à outra língua, os deslocamentos relativos à delimitação das entidades pessoais. Publicamos essas análises em diversos artigos em revistas especializadas (Fanjul, 2013, 2015).

Várias das diferenças encontradas se relacionam a diferentes lugares, para o rock e para os setores juvenis em torno dele, em relação à desigualdade social e à politização no período posterior às ditaduras militares. A inserção social do BRock foi muito menos diversificada e massiva do que na Argentina. Lá, já na época que consideramos, incluía-se entre os próprios músicos setores provenientes da pauperização sob o menemismo (Semán e Vila, 2001). Assim, os lugares de dizer que se constituem no BRock correspondem, via de regra, ao que

9 Empregamos a denominação "BRock", muito consolidada na crítica e no público específico, e também por pesquisadores como Severiano (2008: 436-443) ou Perrone (1990). Ela caracteriza o campo que se delimita nos finais da década de 1970 e inícios dos anos 1980, no qual pela primeira vez o rock no Brasil adquire um espaço nítido e valorizado na circulação de bens culturais. Algumas bandas centrais do período são Legião Urbana, Barão Vermelho e Titãs, e compositores e intérpretes como Cazuza e Renato Russo. No caso do rock argentino, esse processo já tinha se dado nos finais dos 1960.

Gomes (2013) observa como uma desilusão geral "para a qual as saídas se fazem múltiplas e difusas", que dá lugar a enunciadores muitas vezes genéricos como "arautos dos novos tempos". Nesse plano, as recriações feitas pelas bandas argentinas, geralmente em traduções que procuram "fidelidade", acabam estabilizando, de um modo não procurado, a representação da trama social no conflito.

Também nessas músicas há encenação de seres em entorno hostil, contrapostos ao poder e em inter-relação com algumas outras entidades mais ou menos próximas da sua perspectiva e do compartilhamento de seus saberes e visão de mundo. E sua reconstrução nas transposições argentinas se dá mediante um "entalhe" de seu contorno e de suas perspectivas que vai no sentido de reforço e de volta sobre si, bem como da aparição de relações semântico-argumentativas que não se percebem nos originais. O caso mais emblemático é o da versão "El tiempo no para", pela banda Bersuit Vergarabat, a partir do qual começamos a empregar o termo "sobredemarcação":

> A letra de Cazuza expõe de maneira contundente um conflito, inclusive representável espacialmente (*correr na direção contrária*), entre a perspectiva que inclui o *eu* e a do poder que aparece como força oposta. Tentaremos mostrar na nossa análise que, se a separação entre o espaço de uma força e da outra pode ser visto, em Cazuza, como um traçado descontínuo recuperável, na versão de Bersuit é como se ele fosse remarcado com uma linha ostensiva que distribuísse todas as entidades pessoais inequivocamente de um lado ou do outro. Esse trabalho vai acompanhado por um fechamento, realizado sobretudo pelo acréscimo de conectivos, de relações semânticas que, na letra de Cazuza, estão menos definidas (Fanjul, 2013: 372-373, traduzido do espanhol para esta edição).

5.3. Desigualdade, disciplinamento e espetáculo

Comentaremos nesta seção estudos de pesquisadores que trabalharam no contexto de projetos que coordenamos na Universidade de São Paulo (USP) e que transitaram por problemáticas e categorias próximas das que estamos tratando, também comparando produções brasileiras e argentinas.

Um desses estudos tratou sobre o samba carioca e o tango argentino, centrando-se no período em que ambos os gêneros entraram na mídia radiofônica e discográfica, terminando por adquirir o contorno que os diferencia como gêneros na cultura de massa. Menezes (2012,

2014) observa que essa transformação aconteceu concomitantemente com um processo de disciplinamento, por parte dos aparelhos de Estado, de novos contingentes populacionais nos dois países. No início do século XX, grandes levas de imigrantes e, no caso do Brasil, também de ex-escravos, passam a ser incorporados ao funcionamento do capitalismo como trabalhadores. Menezes se interessa por uma contradição constitutiva na consagração pública do samba e do tango: esses gêneros punham em cena vozes e personagens como os do malandro e o *compadrito*, precisamente antimodelos de um disciplinamento baseado no trabalho, e, simultaneamente, eram instalados como modalidades musicais que identificariam a nação. A partir da percepção dessa contradição, sua proposta é indagar, nas composições, o embate de vozes e de lugares de dizer relacionáveis à marginalidade e aos discursos de disciplinamento social.

O aspecto em que esse trabalho se relaciona mais diretamente com a problemática das instâncias de pessoa e contribui para sua comparação nos espaços brasileiro e argentino é a observação do deslocamento gradativo das vozes marginais. No caso do tango, nas primeiras composições, que em geral fizeram parte de "cuplés" (um tipo de representação teatral-musical de caráter popular), os "compadritos" eram apresentados de uma perspectiva eufórica, em geral com coincidência de locutor e personagem (1ª pessoa), e em um tom hedonista que exaltava a marginalidade inclusive em seus aspectos mais revulsivos, como o proxenetismo. No estágio seguinte, o "compadrito" "vai se entristecendo e cindindo-se entre o interior e o exterior" (Menezes, 2012: 192). Uma das manifestações enunciativas dessa "cisão" é a que denomina como "identidade em revérbero", "um tipo de enunciação que parece caracterizada por uma necessidade angustiosa de voltar ao que foi" (*ibid.*, 2012: 155) e que é análoga aos movimentos de reafirmação e volta a si a que já nos referimos em torno do rock no item anterior.

Paralelamente a essa cisão, o "compadrito" vai perdendo a autonomia em relação à voz. De 1ª pessoa passa, em uma leva de tangos-canção, a alocutário interpelado na 2ª pessoa, instalando-se, como contraparte, um locutor assemelhável ao apresentador do teatro popular de variedades, que o interpela duramente e em cuja voz os elogios se entrecruzam com censuras morais. Posteriormente, passa ao lugar de personagem em 3ª pessoa e há ainda um deslocamento no eixo temporal. Como explica Menezes (2012: 192):

> Como parte dessa mudança está a alteração do tempo enunciado, que deixa de ser o presente encontrado no tango *cupletero*, e vai para o passado. Isso se relaciona também com o desparecimento dessa figura, descrita como pertencente a um passado idealizado, assim como é idealizado o próprio *compadrito*.

O processo de embates no samba tem uma realização completamente diferente. De início, sua heterogeneidade vocal mostrada dentro da mesma composição é muito maior que a do tango, o que se relaciona a sua vinculação com modalidades musicais como o samba de roda. Menezes vai mostrando que o conflito entre a perspectiva marginal e a disciplinadora acontece quase sem interpelação direta entre vozes[10]. Não se encena, também, nenhuma das formas de cisão angustiosa que se encontravam no tango.

Começa a ser tematizada a "regeneração" do malandro, sua adesão ao trabalho, enquanto é mantido um tom hedonista que remete à própria fala malandra. Nos sambas de glorificação do trabalho que surgem durante o Estado Novo, a autora detecta estratégias que "projetam a ambivalência da malandragem sobre a própria voz enunciadora. Assim, o malandro persiste através da organização da cadeia discursiva" (Menezes, 2012: 235). E nas composições de exaltação patriótica, no mesmo período, "os enunciadores desses sambas se apropriam do discurso do Estado de unidade nacional e patriotismo, incluindo-o de forma irônica" (Menezes, 2012: 247). Essas transformações são lidas como "estratégias de resistência, mas também uma maneira de domesticar o samba, constituindo-o como um espaço de libertinagem convenientemente delimitada" (*ibid.*, 2012: 272).

* * *

Terminaremos o capítulo comentando a investigação de Russo (2013) sobre o relato futebolístico na Argentina e no Brasil. O trabalho teve como objeto a narração de gols, para o qual formou um *corpus*

---

[10] Essa diferença entre a interpelação direta como configuração de letras inteiras, no tango, e sua escassa aparição no samba pode encontrar analogias com o que mostra um trabalho recente (Menón, 2015) que compara entrevistas de famosos em revistas massivas brasileiras e argentinas. Apesar de tratar-se de um gênero que implica necessariamente uma cenografia de interpelação, o modo de apresentação é diferente em cada país. As revistas argentinas põem em texto a entrevista como uma sequência pergunta-resposta, sem edição aparente, enquanto as brasileiras apresentam uma forma de relato sem as perguntas.

de gravações da narração, em cada país, dos mesmos gols da Copa Libertadores entre 2000 e 2009, tendo como critério de seleção jogos em que se enfrentassem times brasileiros e argentinos. Totalizou um *corpus* de aproximadamente cem gols narrados nos dois países. Seu foco de atenção foram momentos em que o narrador profissional se desloca para um lugar social de dizer que Russo denominou "locutor-torcedor"[11] e que pode corresponder às modulações de um aficionado entusiasta. Os indicadores que situaram esse locutor-torcedor, longamente detalhados por Russo, foram apreciações avaliativas de aprovação ou reprovação, desabafos, referências a circunstâncias históricas relacionadas aleatoriamente ao acontecido em campo e, sobretudo, sinais de estar falando para um interlocutor direto, construindo por instantes uma cenografia que não corresponderia à da TV ou da rádio, mas à conversa em bares, clubes ou outros âmbitos não midiáticos.

A comparação entre os segmentos desse "locutor-torcedor" nas gravações argentinas e brasileiras foram guiando a reflexão de Russo para o período de surgimento do relato radiofônico (década de 1930) e, sobretudo, para os antecedentes desse relato no jornalismo gráfico sobre futebol. Por sua vez, a observação desse jornalismo gráfico conduziu ao cenário de surgimento dos clubes e das torcidas no início do século XX.

O trabalho de Russo se desloca para o mesmo tempo e espaço que o de Menezes: os bairros das grandes cidades argentinas e brasileiras, como também para a problemática de disciplinamento das novas massas urbanas pelo capitalismo em desenvolvimento, mediante os aparelhos de Estado. Uma época na qual Fausto e Devoto (2004: 183-189) apontam que os movimentos sociais, sobretudo nas cidades, ganham muito mais força na Argentina, onde se desenvolve, ainda, uma vida de bairro mais intensa e apoiada em instituições dos próprios migrantes. Essa estruturação, como mostra a pesquisa de Russo, terá reflexos na própria formação dos primeiros clubes e torcidas, mais intensos que os do Brasil, e com mais continuidade em relação ao jornalismo gráfico.

Levando em conta os trabalhos de Frydemberg (2011) e Franco Jr. (2007) sobre a história do futebol nos nossos países, é possível apreciar que o início desse esporte no Brasil foi consideravelmente mais elitista, embora rapidamente surgissem, sobretudo em São Paulo,

[11] Denominação baseada na categoria de locutor-x em Guimarães, que apresentamos no capítulo 1.

times populares ligados ao proletariado nascente. Em Buenos Aires, o bairro foi o lugar por excelência de delimitação de clubes e, antes da profissionalização do esporte, houve um período em que torcida e times formavam um mesmo núcleo. Alguns espaços da imprensa foram também lugar de expressão das rivalidades que surgiam, que estiveram, ainda, relacionadas a identidades imigrantes antes de os processos de disciplinamento promovidos pelo nacionalismo conservador em todas as áreas da cultura imporem a representação de um futebol "nacional". A atenção às diferenças entre ambos os países nesse panorama inicial, contemporâneo ao surgimento das rádios e da narração profissional, incidiu na interpretação de Russo sobre as diferenças que encontrou, já no início do século XXI, entre os "locutores-torcedores" da Argentina e do Brasil.

Nessas falas, Russo vê tendências diferentes para a relação representada entre locutor, evento e personagens. Nos registros dos narradores argentinos, sobressaem apreciações técnicas sobre o desempenho individual de cada jogador, há um tom exortativo, e alguns trechos remetem a um diálogo "cara a cara" no qual se esperaria uma resposta direta, como se isso "não fosse" a mídia. Nos narradores brasileiros, nos mesmos momentos emocionados, predomina o destaque de aspectos estéticos, com menos menção aos indivíduos e com um tom proverbial distante de qualquer recriação de conversa ou expectativa de resposta imediata: a voz de um observador panorâmico que repõe o domínio da instituição midiática.

Também nesse caso, diferenças na articulação regular das instâncias de pessoa, com demarcação e interpelação representada do lado argentino, e uma enunciação mais genérica, distanciada do objeto e com perspectivas menos delimitadas do lado brasileiro, parecem guardar rastros não transparentes de duas configurações distintas da desigualdade que caracteriza ambos os países como formações sócio-históricas.

ENCERRAMENTO

No livro que publicamos em 2002, contrapúnhamos uma afirmação metafórica de Nicolas Shunway (1993: 324), "La Argentina es una casa dividida contra sí misma" com uma descrição de Marilena Chauí (2000: 19) sobre a imagem que, no Brasil, inibe a expressão dos conflitos e contradições, "a boa sociedade indivisa, pacífica e ordeira". Chamava nossa atenção, depois de um percurso por configurações enunciativas como as que vimos também neste livro, o contraste entre "dividida contra sí misma" e "indivisa", sobre o qual comentávamos:

> A primeira é uma "admoestação" que nós, argentinos, recebemos desde os primeiros anos da escolaridade, e sob a qual aprendemos a "situar-nos" no país em que nascemos, e a sabermos que teremos de pagar por esse pecado de divisão. A segunda, que Chauí faz funcionar como ironia, é um dos dons que, como a criança brasileira aprende na escola, fazem do Brasil uma terra "abençoada", bênção pela qual todo sofrimento deve ser aceito. Nelas, nas suas diferenças enunciativas e na sua harmonia autoritária, podem estar algumas das chaves para as tendências que observamos nas nossas discursividades. Ambas fundamentam, cada uma no seu país, a necessidade de aceitar, como naturais, infelicidades similares (Fanjul, 2002: 177-178).

Em todo caso, esses prêmios e admoestações se entrelaçam com os modos de enunciar, sem necessariamente serem chave para explicá-los, fundamentalmente porque formam com eles uma memória cuja regularização não é transparente. Neste livro, tentamos mostrar que o funcionamento das instâncias de pessoa no discurso tem a dizer sobre essa memória. Observamos reiterações e também desregularização para suas configurações nos processos enunciativos, segundo sustentassem diversos lugares imaginários na desigualdade e conforme o resultado de forças contraditórias na formação social.

Essa vinculação com as determinações sócio-históricas, sempre hipotética, poderá ter formulações mais nítidas e operáveis quanto mais seja investigada mediante novas contraposições e releituras do já andado. O que expusemos no último capítulo teria sido impensável em 2002, ou quanto menos, teria encontrado muito menos base que a que hoje encontra depois da indagação sistemática em gêneros e tipos tão fortemente implantados nas práticas verbais dos dois países. E fica, também, evidente o muito que ainda há para procurar em campos discursivos não explorados.

O Brasil é o país que habito há quase vinte anos, a Argentina, aquele onde nasci e comecei a crescer e me formar. Em ambos, tenho família, amigos, amores do presente e do passado, vida profissional, cantos e quintais insubstituíveis. Sem poder e nem querer sair desse entremeio, espero que a integração do que neles há de melhor continue dando a possibilidade de conhecimento mútuo como contribuição a uma perspectiva mais igualitária e mais justa para este canto do mundo que nos cabe construir.

REFERÊNCIAS

ALMEIDA, J. (1980). *Introdução ao estudo das perífrases verbais de infinitivo*. Assis: Edições do ILHPA.

ALTHUSSER, L. (1970). Idéologie et appareils idéologiques d´État (notes pour une recherche). Publicado originalmente na revista *La pensée*, Paris, n. 151, p 67-125. Disponível *online* na biblioteca virtual *Les classiques des sicences sociales*, da Université de Québec à Chicoutimi. Disponível em http://classiques.uqac.ca/; acesso: 31/01/2017.

AUTHIER-REVUZ, J. ([1982] 2011). Heterogeneidad mostrada y heterogeneidad constitutiva: Elementos para un abordaje del otro en el discurso. In: *Detenerse ante las palabras. Estudios sobre la enunciación*. Montevidéu: Fundación de Cultura Universitaria.

BAKHTIN. M. ([1953] 1997). Os gêneros discursivos. In: *Estética da criação verbal*. Trad.: M. E. Galvão Pereira. São Paulo: Martins Fontes, p. 277-326.

BECCARIA, L. (2002). Empleo, remuneraciones y diferenciación social en el último cuarto del siglo XX. In: FELDMAN, S. *et al. Sociedad y sociabilidad en la Argentina de los 90*. Buenos Aires: Biblos, p. 27-54.

BENVENISTE, E. ([1971] 2002a) *Problemas de lingüística general*. v. 1. México: Siglo XXI.

_____. ([1974] 2002b). *Problemas de lingüística general*. v. 2. México: Siglo XXI.

BILLIEZ, J. (1996). Langues de soi, langues voisines: représentations entrecroisées. *Études de Linguistique Apliquée*, n. 104, p. 401-410.

BLOOMFIELD, L. (1933). *Language*. Chicago: The University Chicago Press.

CANÇADO, M. (2003). Um estatuto teórico para os papéis temáticos. In: MÜLLER, A.; NEGRÃO, E.; FOLTRAN, M. J.(orgs.). *Semântica formal*. São Paulo: Contexto, p. 95-124.

CELADA, M. T. (2005). Estructura y cristalización. Acerca de la productividad de ciertas formas lingüísticas del portugués brasileño en los procesos de homogeneización ideológica. In: *Actas del XIV Congreso de ALFAL*. Monterrey. Publicada em CD-ROM, sem números de páginas dentro do CD. Disponível em www.mundoalfal.org; acesso: 31/01/2017.

_____. (2010). *Entremeio* español/portugués – errar, deseo, devenir. *Caracol*, n. 1, p. 110-150.

CHARAUDEAU, P.; MAINGUENEAU, D. (2004). *Dicionário de análise do discurso*. São Paulo: Contexto.

CHAUI, M. (2000) *Brasil. Mito fundador e sociedade autoritária*. São Paulo: Fundação Perseu Abramo.

COURTINE, J. (1981). Quelques problèmes théoriques et méthodologiques en analyse du discours, à propos du discours communiste adressé aux chrétiens. *Langages*, n. 62, p. 9-126.

DABÈNE, L. (1996) Pour une contrastivité revisitée. *Études de Linguistique Apliquée*, n. 104, p. 392-400.

DA MATTA, R. ([1979] 1990). *Carnavais, malandros e heróis. Para uma sociologia do dilema brasileiro*. Rio de Janeiro: Ed. Guanabara.

DUCROT, O. (1980). Énonciation. In: *Encyclopaedia Universalis* (edição *online*). Disponível em http://www.universalis.fr/encyclopedie/enonciation/; acesso: 31/01/2017.

_____. ([1984] 2001a). *El decir y lo dicho*. Buenos Aires: Edicial.

_____. (2001b). Quelques raisons de distinguer "locuteurs" et "énonciateurs". *POLYPHONIE - linguistique et littéraire*, n. 3, s/n. Disponível em http://www.hum.au.dk/romansk/polyfoni/Polyphonie_III/Oswald_Ducrot.htm; acesso : 31/01/2017.

DUBOIS, J. *et al*. (1978). *Dicionário de linguística*. São Paulo: Cultrix.

DUCROT, O.; TODOROV, T. (1979). *Dicionário enciclopédico das ciências da linguagem*. Perspectiva: São Paulo.

ELIZAINCÍN, A. (1996). Contacto entre lenguas genéticamente emparentadas. El caso del español y del portugués. *Signo y Seña*, n. 6, p: 415-434.

ÉLOY, J-M. (2004) Langues proches: que signifie de les enseigner? *Études de Linguistique Appliquée*, n. 136, p. 393-402.

FANJUL, A. (2002). *Português e espanhol. Línguas próximas sob o olhar discursivo*. São Carlos: Claraluz.

_____. (2004). Português brasileiro, espanhol de onde...? Analogias incertas. *Letras & Letras*, n. 20-1, p. 165-183.

_____. (2005). Delimitación enunciativa de héroes en letras de música urbana de Brasil y Argentina. In: *Actas del XIV Congreso de ALFAL (Asociación de Lingüística e Filología de América Latina)*. Monterrey, México, 17 a 20 de outubro de 2005. Publicada em CD-ROM, ISBN 956-310-179-0, sem números de páginas dentro do CD. Disponível em www.mundoalfal.org; acesso: 31/01/2017.

_____. (2009a). Proximidad lingüística y memoria discursiva. Reflexiones alrededor de un caso. *Signo y Seña*, 20, p. 183-205.

_____. (2009b). Escenas enunciativas en la representación de la violencia de estado en el rock de Brasil y Argentina. In: *Actas completas del IV Coloquio de Investigadores en Estudios del Discurso y I Jornadas Internacionales de Discurso e Interdisciplina*, p. 194-205. Disponível em http://www.fl.unc.edu.ar/aledar/index.php?option=com_wrapper&Itemid=47; acesso: 31/01/2017.

_____. (2011). Policêntrico e pan-hispânico. Deslocamentos na vida política da língua espanhola. In: LAGARES, X.; BAGNO, M. (orgs.). *Políticas da norma e conflitos linguísticos*. São Paulo: Parábola Editorial, p. 299-331.

_____. (2013). Tallado y demarcación. Composiciones transpuestas entre el rock de Brasil y de Argentina. *Lingua(gem) em discurso*, n. 13-2, p. 359-381.

_____. (2015). Unidades do discurso, indagação comparativa e proximidade linguística: perspectivas e limites da categoria de "gênero". *Letras de Hoje*, n. 50-4, p. 508-517.

FANJUL, A.; GONZÁLEZ, N. (orgs.) (2014). *Espanhol e português brasileiro. Estudos comparados*. São Paulo: Parábola Editorial.

FAUSTO, B.; DEVOTO, F. (2004). *Brasil e Argentina. Um ensaio de história comparada (1850-2002)*. São Paulo: Editora 34.

FIORIN, J. L. (2006). Interdiscursividade e intertextualidade. In: BRAIT, B. *Bakhtin. Outros conceitos-chave*. São Paulo: Contexto, p. 161-193.

FISCHERMAN, D. (2004). *Efecto Beethoven. Complejidad y valor en la música de tradición popular*. Buenos Aires: Paidós.

FOUCAULT, M. ([1969] 2007). *La arqueología del saber*. México: Siglo XXI.

FOUCAULT, M. ([1970] 2008). *El orden del discurso*. Buenos Aires: Tusquets.

FRANCO JR., H. (2007). *A dança dos deuses: futebol, sociedade e cultura*. São Paulo: Companhia das Letras.

FRYDENBERG, J. (2011). *Historia social del fútbol: del amateurismo a la profesionalización*. Buenos Aires: SigloXXI.

FRITH, S. ([1996] 2014). *Ritos de la interpretación. Sobre el valor de la música popular*. Buenos Aires: Paidós.

FUCHS, C. (1982a). *La paraphrase*. Paris: Presses Universitaires de France.

_____. (1982b). La paraphrase entre la langue et le discours. *Langue Française*, n. 53, p. 22-33.

GOMES, C. (2013). *Temos nosso próprio tempo. Modernidade – uma leitura das composições de Renato Russo*. Tese de doutorado. Universidade Federal de Goiás.

GONZÁLEZ, N. (1994). *"Cadê o pronome? O gato comeu". Os pronomes pessoais na aquisição/aprendizagem do espanhol por brasileiros adultos*. Tese de doutorado. Universidade de São Paulo.

_____. (2008). Portugués brasileño y español: lenguas inversamente asimétricas. In: CELADA, M. T.; GONZÁLEZ, N. (coord. dossier). Gestos que trazan distinciones entre la lengua española y el portugués brasileño, *SIGNOS ELE*, n. 1-2, p. 1-7

GUIMARÃES, E. (2005). *Semântica do acontecimento*. Campinas: Pontes.

JODELET, D. (1989). *Représentations sociales*. Paris: PUF.

JOSEPH, J. (1987). *The Rise of Language Standards and Standard Languages*. Londres: Francis Pinter.

KULIKOWSKI, Z.; GONZÁLEZ, N. (1999). Español para brasileños: sobre por dónde determinar la justa medida de una cercanía. *Anuario Brasileño de Estudios Hispánicos*, n. 9, p. 11-19.

KUSCH ([1966] 2012). La salida del indio. In: *De la mala vida porteña*. Buenos Aires: Peña Lillo, 1966. Reproduzido em *Página 12*, 18/10/2012. Disponível em http://www.pagina12.com.ar/diario/psicologia/9-205802-2012-10-18.html; acesso: 31/01/2017.

LOPES, E. (1978). *Discurso, texto e significação. Uma teoria do interpretante*. São Paulo: Cultrix.

MAINGUENEAU, D. (1997). *Novas tendências em análise do discurso*. Campinas: Pontes.

_____. (2001). *O contexto da obra literária*. São Paulo: Martins Fontes.

_____. 2008). *Cenas da enunciação*. São Paulo: Parábola Editorial.

MALDIDIER, D. (1994). Elementos para a história de uma análise do discurso na França. In: ORLANDI, E. (org.). *Gestos de leitura*. Campinas: Ed. da UNICAMP, p. 9-22.

MENDIKOETXEA, A. (1999). Construcciones inacusativas y pasivas. In: BOSQUE, I. e DEMONTE; V. (dir.) *Gramática Descriptiva de la Lengua Española. Vol. 2*. Madri: Espasa, p. 1575-1629.

MENEZES, A. (2012). *Entre pátrias, pandeiros e bandoneones. O embate entre vozes marginais e disciplinadoras em composições de samba e tango (1917-1945)*. Tese de doutorado. Universidade de São Paulo. Disponível em: http://www.teses.usp.br/teses/disponiveis/8/8145/tde-13032013-111737/pt-br.php; acesso: 31/01/2017.

_____. (2014). Topografia, personagens marginais e identidade em letras de samba e de tango. *Caracol*, n. 8, p. 40-59.

MENÓN, L. (2015). O ethos do personagem "celebridade" em revistas da Argentina e do Brasil: projeções que refletem identidades diferentes? *Abehache*, n. 8, p. 98-121.

MONTEAGUDO, H. (2011). Variação e norma linguística. Subsídios para uma (re)visão. In: LAGARES, X.; BAGNO, M. *Políticas da norma e conflitos linguísticos*. São Paulo: Parábola Editorial, p. 15-48.

O'DONNELL, G. (1984). *"¿Y a mí, que me importa?" Notas sobre sociabilidad y política en Argentina y en Brasil*. Kellog Institute. Working paper 9.

_____. (1986). *Contrapontos: autoritarismo e democratização*. São Paulo: Ed. Vértice.

ORLANDI, E. (2011). Ler Michel Pêcheux hoje. In: *Análise de discurso. Michel Pêcheux*. Campinas: Pontes, p. 11-20.

PÊCHEUX, M.([1969] 1990). Análise automática do discurso. In: GADET, F.; HAK, T. (orgs.). *Por uma análise automática do discurso*. Campinas: Ed. da UNICAMP, p. 61-161.

_____. ([1982] 2011). Leitura e memória: projeto de pesquisa. In: ORLANDI, E. *Análise de discurso. Michel Pêcheux*. Campinas: Pontes, p. 141-150.

_____. ([1983] 2002). *O discurso. Estrutura ou acontecimento*. Campinas: Pontes.

_____. ([1983] 2007). Papel da memória. In: ACHARD, P. *et al. Papel da memória*. Campinas: Pontes, p. 49-56.

_____. ([1984] 2011). Metáfora e interdiscurso. In: ORLANDI, E. *Análise de discurso. Michel Pêcheux*. Campinas: Pontes, p. 151-161.

PÊCHEUX, M. ; FUCHS, C. (1975). Mises au point et perspectives à propos de l´analyse automatique du discours. In: *Langages*, n. 37, p. 7-80.

PERRONE, C. (1990) Changing of the Guard: Questions and Contrasts of Brazilian Rock Phenomena. *Studies on Latin American Popular Culture*, n. 9, p. 65-83.

POLL, B. (2001). Essai de standardologie comparée. Quelques éléments pour une comparaison de l' espagnol et du portugais européens et américains. *Revue belge de philologie et d'histoire*, n. 79-3, p. 907-930.

RAJAGOPALAN, K. (1998). O conceito de identidade em linguística: é chegada a hora para uma reconsideração radical? In: SIGNORINI, I. (org.). *Língua(gem) e identidade*. Campinas: Mercado de Letras, p. 21-45.

RIEGEL, M. ; TAMBA, L. (1987). Présentation. *Langue Française*, n. 73, p.3-4.

ROBERT, J. (2004). Langues voisines, langues proches et langues lointaines: implications didactiques. In: *Colloque du LESCLaP : Langues voisines et langues étrangères: Approches didactiques et sociolinguistiques*. Disponível em http://www.u-picardie.fr/LESCLaP/spip.php?rubrique46; acesso: 01/02/2017.

RUSSO, M. (2013). *A voz do torcedor e do "hincha" na narração de futebol no Brasil e na Argentina*. Dissertação de mestrado. Universidade de São Paulo. Disponível em: http://www.teses.usp.br/teses/disponiveis/8/8145/tde-16082013-115711/pt-br.php; acesso: 01/02/2017.

SANTUCCI, D. (2007.) *Um modelo de cena enunciativa sobre a exclusão. Análise de notícias e de resultados experimentais no Brasil e na Argentina*. Dissertação de mestrado. Universidade de São Paulo.

SEMÁN, P.; VILA, P. (2001). Rock chabón e identidad juvenil en la Argentina neo-liberal. In: FILMUS, D. (org.). *Los noventa. Política, sociedad y cultura en América Latina y Argentina de fin de siglo*. Buenos Aires: Eudeba, p. 225-258.

SERRANI, S. (1994). Análise de ressonâncias discursivas em microcenas para estudo da identidade linguístico-cultural. *Trabalhos em Linguística Aplicada*, n. 24, p. 79-90.

_____. (1997). *A linguagem na pesquisa sociocultural*. Campinas: Ed. da UNICAMP.

SEVERIANO, J. (2008). *Uma história da música popular brasileira. Das origens à modernidade*. São Paulo: Editora 34.

VOLÓSHINOV, V. ([1929] 2009). *El marxismo y la filosofía del lenguaje*. Trad.: T. Bubnova. Buenos Aires: Godot.

ZOPPI FONTANA, M. (2004). A arte de cair fora. O lugar do terceiro na enunciação. *Ecos*, n. 2, p. 59-69.

Coleção Lingua[gem]

1. *Português ou brasileiro? Um convite à pesquisa*, Marcos Bagno
2. *Linguagem & comunicação social*, Manoel Luiz Gonçalves Corrêa
3. *Por uma linguística crítica*, Kanavillil Rajagopalan
4. *Educação em língua materna: a sociolinguística na sala de aula*, Stella Maris Bortoni-Ricardo
5. *Sistema, mudança e linguagem*, Dante Lucchesi
6. *"O português são dois"*, Rosa Virgínia Mattos e Silva
7. *Ensaios para uma sócio-história do português brasileiro*, Rosa Virgínia Mattos e Silva
8. *A linguística que nos faz falhar*, Kanavillil Rajagopalan & Fábio Lopes da Silva [orgs.]
9. *Do signo ao discurso*, Inês Lacerda Araújo
10. *Ensaios de filosofia da linguística*, José Borges Neto
11. *Nós* cheguemu *na escola, e agora?*, Stella Maris Bortoni-Ricardo
12. *Doa-se lindos filhotes de* poodle, Maria Marta Pereira Scherre
13. *A geopolítica do inglês*, Yves Lacoste [org.], Kanavillil Rajagopalan
14. *Gêneros*, José Luiz Meurer, Adair Bonini & Désirée Motta-Roth [orgs.]
15. *O tempo nos verbos do português*, Mª Luiza M. S. Corôa
16. *Considerações sobre a fala e a escrita*, Darcilia Simões
17. *Princípios de linguística descritiva*, Mário A. Perini
18. *Fundamentos empíricos para uma teoria da mudança linguística*, U. Weinreich, W. Labov & M. I. Herzog
19. *Por uma linguística aplicada indisciplinar*, Luiz Paulo da Moita Lopes
20. *Origens do português brasileiro*, Anthony Julius Naro & Maria Marta Pereira Scherre
21. *Introdução à gramaticalização*, Sebastião Carlos Leite Gonçalves, Mª Célia Lima-Hernandes & Vânia Cristina Casseb-Galvão [orgs.]
22. *O acento em português*, Gabriel Antunes de Araújo [org.]
23. *Sociolinguística quantitativa*, Gregory R. Guy & Ana Maria Stahl Zilles
24. *Metáfora*, Tony Berber Sardinha
25. *Norma culta brasileira*, Carlos Alberto Faraco
26. *Padrões sociolinguísticos*, William Labov
27. *Gênese dos discursos*, Dominique Maingueneau
28. *Cenas da enunciação*, Dominique Maingueneau
29. *Estudos de gramática descritiva*, Mário A. Perini
30. *Caminhos da linguística histórica*, Rosa Virgínia Mattos e Silva
31. *Limites do discurso*, Sírio Possenti
32. *Questões para analistas do discurso*, Sírio Possenti
33. *Linguagem & diálogo*, Carlos Alberto Faraco
34. *Nomenclatura Gramatical Brasileira*, Claudio Cezar Henriques
35. *Língua na mídia*, Sírio Possenti
36. *Malcomportadas línguas*, Sírio Possenti
37. *Linguagem. Gênero. Sexualidade*, Ana Cristina Ostermann & Beatriz Fontana [orgs.]
38. *Em busca de Ferdinand de Saussure*, Michel Arrivé
39. *A noção de "fórmula" em análise do discurso*, Alice Krieg-Planque
40. *Geolinguística*, Suzana Alice Marcelino Cardoso
41. *Doze conceitos em análise do discurso*, Dominique Maingueneau
42. *O discurso pornográfico*, Dominique Maingueneau
43. *Falando ao pé da letra*, Roxane Rojo
44. *Nova pragmática*, Kanavillil Rajagopalan
45. *Bakhtin desmascarado*, Jean-Paul Bronckart & Cristian Bota
46. *Gênero textual, agência e tecnologia*, Carolyn R. Miller
47. *Linguística de texto: o que é e como se faz?*, Luiz Antônio Marcuschi
48. *A gramática passada a limpo*, Maria Helena de Moura Neves
49. *O sujeito em peças de teatro (1833-1992)*, Maria Eugênia Lammoglia Duarte [org.]
50. *Português no século XXI*, Luiz Paulo da Moita Lopes [org.]
51. *Da linguística formal à linguística social*, Roberto Gomes Camacho
52. *Estudos do discurso*, Luciano Amaral Oliveira [org.]
53. *Gênero*, Anis B. Bawarshi & Mary Jo Reiff
54. *Introdução à teoria enunciativa de Benveniste*, Valdir do Nascimento Flores
55. *Linguística aplicada na modernidade recente*, Luiz Paulo da Moita Lopes [org.]
56. Gramáticas contemporâneas do português, Maria Helena de Moura Neves & Vânia Cristina Casseb-Galvão
57. *Letramentos sociais, na etnografia e na educação*, Brian V. Street
58. *A ordem das palavras no português*, Erotilde Goreti Pezatti
59. *Frases sem texto*, Dominique Maingueneau
60. *Espanhol e português brasileiro*, Adrián Pablo Fanjul & Neide Maia González [orgs.]
61. *Sujeitos em ambientes virtuais*, Maria Cecilia Mollica, Cynthia Patusco & Hadinei Ribeiro Batista [orgs.]
62. *Vološinov e a filosofia da linguagem*, Patrick Sériot
63. *A história das línguas*, Tore Janson
64. *Discurso e análise do discurso*, Dominique Maingueneau
65. *Sobre a fala dialogal*, Lev Jakubinskij
66. *Retórica da ação letrada*, Charles Bazerman
67. *Teoria da ação letrada*, Charles Bazerman
68. *Unidade e variação na língua portuguesa*, André C. Valente
69. *Linguística funcional*, Maria Angélica Furtado da Cunha, Mariangela R. de Oliveira & Mario Eduardo Martelotta [orgs.]
70. *O texto e seus conceitos*, Ronaldo de Oliveira Batista [org.]
71. *Gramáticas brasileiras*, Carlos Alberto Faraco & Francisco Eduardo Vieira [orgs.]
72. *Saussure, o texto e o discurso*, Marcio Alexandre Cruz, Carlos Piovezani & Pierre-Yves Testenoire [orgs.]
73. *O efeito Saussure*, Carlos Alberto Faraco [org.]
74. *Dinâmicas funcionais da mudança linguística*, Marcos Bagno, Vânia Casseb-Galvão & Tânia F. Rezende
75. *Gêneros no contexto brasileiro*, Benedito Gomes Bezerra
76. *A pessoa no discurso*, Adrián Pablo Fanjul
77. *O todo da língua*, Vânia Casseb-Galvão & Maria Helena de Moura Neves [orgs.]
78. *Saussure e Benveniste no Brasil*, Valdir do Nascimento Flores

Esta obra foi composta em Versailles LT Std 10/14 e Helvetica Neue 8,5/12
e impressa em papel Lux Cream 70g
para a **Parábola Editorial** em março de 2017.

Impressão e acabamento:
Gráfica Paym